新闻出版博物馆

总第三十七期　2020年第2期

新闻出版博物馆（筹）编

学林出版社

图书在版编目（CIP）数据

新闻出版博物馆 . 第 37 期 / 新闻出版博物馆（筹）编 .
—— 上海 : 学林出版社 ,2021
ISBN 978–7–5486–1720–4

I. ①新 ‥ II. ①新 ‥ III. ①编辑工作－文化史－中国－文集
②出版工作－文化史－中国－文集 IV . ① G239.29–53

中国版本图书馆 CIP 数据核字 (2021) 第 000889 号

责任编辑　　李晓梅
封面设计　　陶雪华

新闻出版博物馆（总第三十七期）

编　　者　　新闻出版博物馆（筹）
出　　版　　学林出版社
　　　　　　（200001 上海市福建中路 193 号）
发　　行　　上海人民出版社发行中心
　　　　　　（200001 上海市福建中路 193 号）
印　　刷　　上海丽佳制版印刷有限公司
开　　本　　787×1092　1/16
印　　张　　10
字　　数　　140 千
版　　次　　2020 年 12 月　第 1 版
印　　次　　2020 年 12 月　第 1 次印刷
ISBN　　　　978–7–5486–1720–4 / G · 647
定　　价　　38.00 元

2019—2020 年捐赠榜

祝雨婷

2020 年即将走近尾声。8 月 31 日，中国近现代新闻出版博物馆顺利完成了建筑主体结构封顶，将于 2021 年建成的国内首座新闻出版专业博物馆，将成为内容丰富、底蕴深厚、技术领先、用户观感新颖的文化新地标。在此，我们向支持新闻出版博物馆筹建的各界人士表示诚挚的感谢，特别是向我馆捐赠珍贵藏品的捐赠者们。

2019—2020 年捐赠者（以捐赠时间为序）：

孙厚璞　蒋　凡　柳和城　张国男　余小鹤　刘炳文　赵　毅　丁言昭　叶亚廉
欧阳文彬　陈春轩　张煦棠　王　毅　吴旭民　李梁美　哈思阳　虞建华　顾　军
张　平　潘友星　段　韬　范　里　范　又　邢　立　蒋逸青　金良年　王止宇
谢永旺　陈其瑞　召　明　周澍民　王瑞祥

柳和城捐赠的 1935 年商务印书馆上海办事处关于购买《四部丛刊》的档案内页

余小鹤捐赠的少儿读物

范里捐赠范用珍藏的朱屺瞻画作

段韬、潘友星捐赠的李约瑟（Joseph Needham）与杨振宁给《科学》杂志的贺信及题词

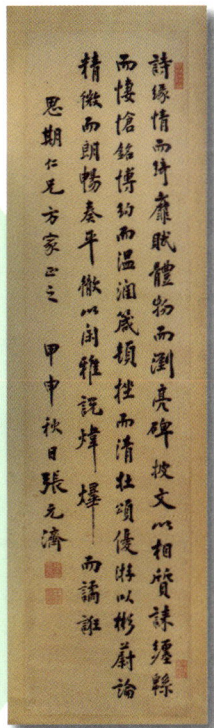

张平捐赠张元济摘录《文赋》行楷轴

目 录

Contents

吕思勉在中华书局

张耕华

　　1951 年，高等院校院系调整，上海私立光华大学并入新成立的华东师范大学，吕思勉（1884—1957）先生也随学校并入华东师范大学历史系任教。最初的几年，教师们需要经常填写各种"教师登记表""情况表"等，为了方便填写，吕先生拟了一份《履历表》留作底稿。这份底稿，现留存在吕先生的遗稿里。底稿中，吕先生在民国初年的"履历"

吕思勉手迹之《履历表》底稿

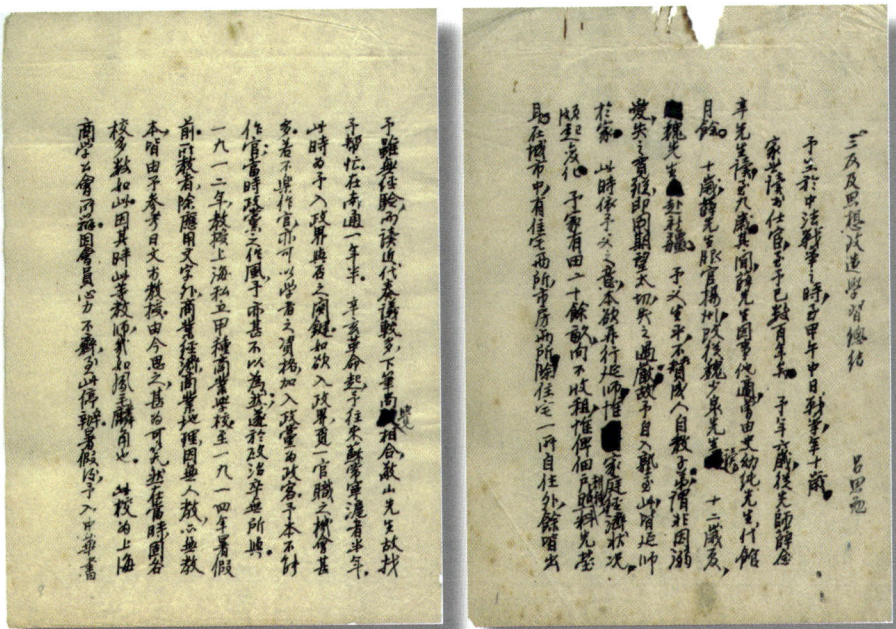

吕思勉手迹之《三反及思想改造学习总结》

一栏写有这么一行字："1914年7月，经沈颐介绍，在上海中华书局任编辑，月薪50元。"另外，1952年"三反"运动结束时写的一份《三反及思想改造学习总结》，吕先生对这几年在中华、商务的编辑任职也有一段专门的说明。这是吕先生曾任职于中华书局的最可靠、直接的记载，只是写得都较简略。

众所周知，介绍吕先生入中华书局的沈颐，是中华书局主要的创办人之一。沈颐（1881—1946）与吕先生是同乡，也是江苏武进（今常州）人，长吕先生四岁。沈、吕两人的相识相熟，除了是同乡，实在还有一层姻亲关系。沈颐的大伯沈保宜（1853—1939）是光绪八年（1882）的举人，同年中式的常州籍学者有十人，其中有一位是吕景端（1859—1930）。[①]

吕景端，字幼舲，著名的文学家，他之著名，不仅由于他的文章诗词特别出众，还因为他是晚清名臣盛宣怀最倚重的幕僚，可以说是闻名于政学两界。吕景端与吕先生是什么关系？有学者认为吕思勉是吕景端的族侄。[②] 但据吕先生自撰的一些文字材料来看，他与吕景端是族兄

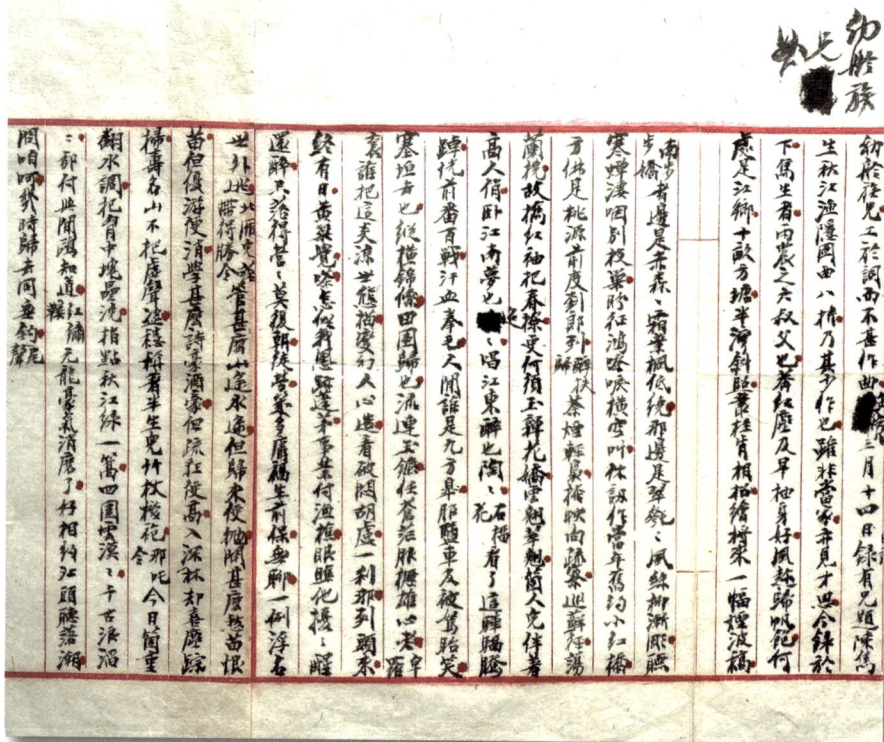

吕思勉手迹之录吕景端词

弟。如吕先生在1918年写的一则短文《贵妃浆》，记述民国初年有传"宫禁秘术"等事，其中有一句说"予在幼舲族兄坐，曾亲见一亡清之达官，且科举中人"。③ 称族兄而不称族叔。又有一页吕先生摘录吕景端的词曲，首几行云："幼舲族兄，工于词而不甚作曲。壬寅三月十四日录有兄题陈隽生《秋江渔隐图》曲八折，乃其少作也，虽非当家，亦见才思。"④也以"族兄"相称。再如吕景端之弟吕景枏（1871—1904），字少木，吕先生说在15岁时，曾由"先师族兄少木先生命我点读《通鉴辑览》，约半年而毕"。⑤说当时家中经济拮据，不能延师教读，父亲便叫他"从族兄少木先生游，先后凡三年，惟皆未坐塾，但以文字就正耳"。⑥也称吕景枏是"少木族兄"或"先师族兄"，可见景端、景枏兄弟俩与吕先生应该是同一高祖而不同曾祖父的同族兄弟。不过，虽称族兄，景端、景枏的年龄却与吕先生的父辈相仿，其交游也都是吕先生父辈中的人，所以吕先生一般的朋友，都视吕景端为前辈，[7] 即便吕先生本人也是如此。[8] 这大约是后人误认吕景端与吕先生为叔侄关系的原因。

如上所述，沈保宜与吕景端是同乡同年，大约因这一层关系，沈保宜之弟沈保衡（1855—1914）也与吕景端相识，且成为好友，后来沈（保衡）之长子沈颐娶吕景端的女儿为妻，两人便结为儿女亲家，[9] 彼此的情谊越发深厚。吕景端后来为沈保衡作传，说"予与君为道义交，重之以婚姻，且有敬礼定文之谐"。[10] 吕景端曾官至内阁中书，虽为官多年，一直未授实权，仅在各部从事草拟公函、文札等事务，后来辞官至上海，在盛宣怀府上主持笔政，盛氏的一些重要函札、电文均出之其手。而光绪末年，吕思勉的父亲吕德骥（1852—1908）也在盛府坐馆教学，教授盛女的国文。两人过往甚密，在吕德骥的日记中，有不少与吕景端（幼舲）往来坐谈的记录。[11] 这便是上文所说的沈吕之间尚有一层姻亲关系。

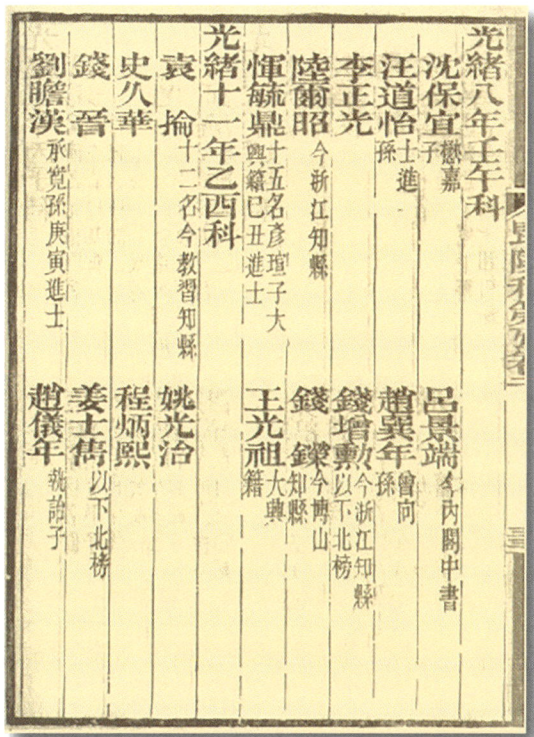

《毗陵科第考》：光绪八年常州籍士人科举中式名录一页

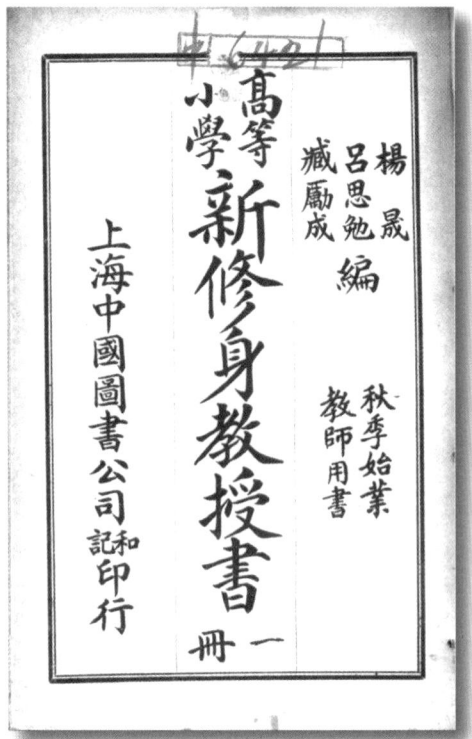

《高等小学新修身教授书》书影（1914年）

　　不过，沈颐绝不会只是因为这一层关系而介绍吕先生来中华书局任编辑的。就在任职中华书局之前，吕先生已经参与过几种新版的小学教科书的校订与编辑，这就是：1. 1912年7月，（上海）中国图书公司出版，华国铨编，吕思勉修订《高等小学国语课本（改正本）》（一至三册）；2. 1913年2月，（上海）民国南洋图书沪局出版，吕思勉编辑、杨兆麟校订《新编中华民国国文教科书》（一至十二册）；3. 1913年3月，（上海）民国南洋图书沪局出版，吕思勉编辑、杨兆麟校订《新编共和修身教授书》；4. 1913年5月，（上海）中国图书公司（和记）出版，臧励和、杨晟编，杨择、吕思勉校订《高等小学　新修身教科书》（一至九册）；5. 1914年6月，（上海）中国图书公司（和记）出版，杨晟、吕思勉、臧励成编纂《高等小学新修身教授书》（一至九册）。

　　遗憾的是，这五种教科书或教授书，至今笔者只找到一至九册的《高等小学新修身教授书》一种。⑫《高等小学新修身教授书》是《高等小学新修身教科书》配套的教师用书，因《教授书》中附录了《教科书》的课文，故大致也可以看到《教科书》的主要内容，至于其他各种，笔者只是在一些近现代教科书的图书总目上看到书名，⑬ 原书至今未能找到。⑭ 这五部书：三种教科书，两种教授书；两种是国文，三种是修身；或是编辑，或是校订，虽大部分的原书未能看到，但可以说明吕先生在进入中华书局之前，对小学国文、修身教科书的编撰已有相当的经验。其实，不光如此，自 1905 年起，吕先生先后在常州私立溪山两级小学堂、苏州东吴大学、常州府中学堂、南通国文专修馆、上海私立甲种商业学校任教，所教授的课程多是国文、历史、地理以及应用文字的写作等。即进入中华书局之前，吕先生已经从教了近十年，说他已经积累了一定的教学实践的经验，当不过分。另外，对于新式国文教育的推行，

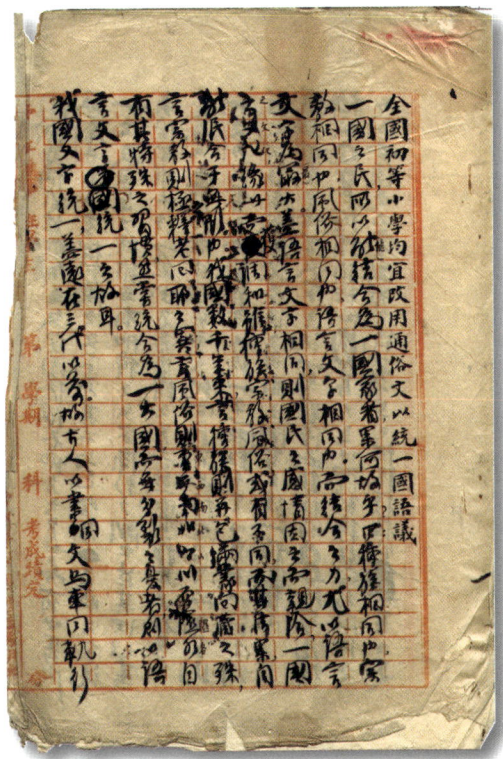

吕思勉手迹之《全国初等小学均宜改
用通俗文以统一国语议》

他在学术上也有过深入的思考,先后撰写有《小学教授国语宜用俗语说》（1909 年）、《初等小学国语科宜用通俗文议》（1910 年）和《全国初等小学均宜用通俗文以统一国语议》（1911 年）等文章,⑮ 尤其是《全国初等小学均宜用通俗文以统一国语议》一文,原是该年《东方杂志》征文稿,获征文评比的甲等奖。⑯ 有着一定的教学实践经验和学术思考的吕思勉,无疑是从事中小学教科书编撰的理想人选,也是中华书局计划推进教科书的编撰出版所需的人才。这当是沈颐介绍吕先生入中华书局的主要原因！至于吕先生由何人介绍参与了早年中国图书公司几种教科书的编撰、校订,在先生自己留存的各种资料里,没有直接的记录。

中国图书公司于 1906 年创办,董事长是有"状元实业家"之称的张謇。吕先生在 1910 年 1 月至 1911 年 6 月,曾在张謇所办的南通国文专修馆任教,据吕先生自述:

> 一九一〇年,至南通国文专修科教授。此国文专修科为张季直君所办,培养办理公文人才,属屠敬山先生主持其事。其时求能教作公文者甚难。予虽无经验,而读近代奏议较多,下笔尚觉相合,敬山先生故找予帮忙,在南通一年半。⑰

是不是有张謇、屠敬山的这一层关系,而参与了中国图书公司早年的几种教科书的编撰校订？目前没有材料可以佐证,这只是笔者的推测猜想而已。

吕先生进入中华书局的时候,正是书局大力发展推行教科书的编撰出版的年代。

自 1912 年起,中华书局就加强各类教科书、教授用书的编辑出版工作,几乎每年推出一个新系列的教科书:1912 年推出"中华教科书"系列,1913 年推出"新制教科书"系列,1915 年推出"新编教科书",1916 年推出"新式教科书"。在 1914 年 7 月至 1918 年约四年半的时间里,由吕先生参与编撰的中华版教科书共有五种:1. 1916 年 1 月至 4 月出版,吕思勉编辑：《高等小学校用　新式最新国文教科书》（一至六册）；2．1916年2月至1917年1月出版，吕思勉编辑：《高等小学校用　新式国文教授书》（一至六册）；3．1916年3月至12月出版，吕思勉编辑：《高等小学校用　新式地理教科书》（一至六册）；4．1916年7月至1917年1月出版，吕思勉编辑：《高等小学校用　新式地理教授书》（一至六册）；5．1916年9月至1917年1月出版，庄启传、吕思勉编辑：《高等小学校用　新式历史教授书》（一至六册）。

吕思勉31岁（摄于1914年）

这五种教科书，除了第一种《高等小学校用　新式最新国文教科书》笔者仅见之于目录外，[18] 其余几种都已找到了原书。这几种国文、地理课的"新式教科书"，出版后的发行量都不小。比如《新式最新国文教科书》1916年1月初版，其第一册至1923年5月已重印到第70版，第五册至1922年10月已重印到第44版。《高等小学校用　新式国文教授书》1916年2月初版，其第一册至1923年5月发行到第70版，第二册至1924年5月发行到第62版，第四册至1923年5月发行至第54版。《高等小学校用　新式地理教科书》1916年3月初版，其第一册至1924年5月重印至第60版，第二册至1924年5月重印至第59版，第三册至1922年10月重印到第49版，第五册至1924年3月重印到第44版。

关于这几种教科书的课文内容，下面举《新式国文》《新式地理》各一例，做点分析。《新式国文》在"编辑大意"中交代"本书之宗旨：（一）授以切于实用之文字，养成发表思想之能力。（二）修炼语言。（三）辅导智德。"而"辅导智德"的选材，包括道德教育、历史、地理、理科、实业、日用知识等。如第一册第十五课"益鸟"当取材于理

中华书局版新式教科书书影（1916 年）

科中"自然物之最有关系于人生者"，该课文是这样写的：

> 鸟之有益于农务者，以其食虫也。盖害物之虫，品类纷赜，滋生繁衍，植物实被其殃。鸟则能攫之于空中，捕之于地上，即在土中者，亦能探而出之。故动物之足为虫敌者，惟鸟耳。如桑扈、鸜鹆，能食小虫。而燕类捕捉黄蜂、蚊蚋之属，尤不可胜数。他若麻雀一物，或食葡萄，或食麦穗，不无小害，然樱桃、苹果、梨树之被其保护者，亦不少也。且每杀一害苗之虫，即三四十麦穗可保无恙，岂得因其偶一食谷，遽斥为无益之鸟哉。

麻雀不该"斥为无益之鸟"，作为一种科学常识，已经写在当年的小学生课文里了。又如《地理教科书》的编辑宗旨是"使儿童知地球表面与人类生活之状态，及本国国势之大要，以养成爱国之精神"。其取材包括：天然与人事之关系，物产及工商情形，边防情形，世界地理述现世界开明各国，皆于地理上探索其原因。如今，再来读读这些百年前的老课本，确有一种常读常新的感受。

1914 年后，地理教科书的编辑还遇到一个新麻烦，那就是因第一次世界大战而导致各国疆域版图的变化，需要及时在教科书中做出调整与修订。比如，《地理教科书》有"中欧诸国"一章，初版设德意志、奥斯马加、瑞士三节，一战结束时，奥斯马加已不复存在，除了德意志、瑞士外，重印版则增补了波兰、奥地利、匈牙利、捷克斯洛伐克等国。所以，这几年《地理教科书》《地理教授书》的重印再版，吕先生都有或多或少的修改，不仅世界地理部分，即中国地理也有行政区划等变化，需要再版时增补修订。

除了教科书、教授书之外，在中华书局的几年里，吕先生还编撰了四本通俗读物：1.《苏秦张仪》，中华书局"学生丛书"1915 年 8 月初版；2.《关岳合传》，中华书局"学生丛书"1916 年 8 月初版；3.《国耻小史》（上、下册），中华书局"通俗教育丛书"1917 年 2 月初版；4.《中国地理大势》，中华书局"通俗教育丛书"1917 年 2 月初版。

这几种通俗读物，出版后也颇受欢迎，重印重版好几次，如《苏秦张仪》至 1928 年已出了第 9 版，《关岳合传》至 1929 年重印到第 10 版，《中国地理大势》至 1928 年出了第 7 版，《国耻小史》至 1936 年重印到第 24 版，至 1941 年还有续印版。尽管四年多编撰出版了这许多教科书、教授书及通俗读物，吕先生对编辑工作还是有点厌倦，他后来回忆：

　　辛亥革命起，予往来苏常沪宁者半年，此时为予入政界与否

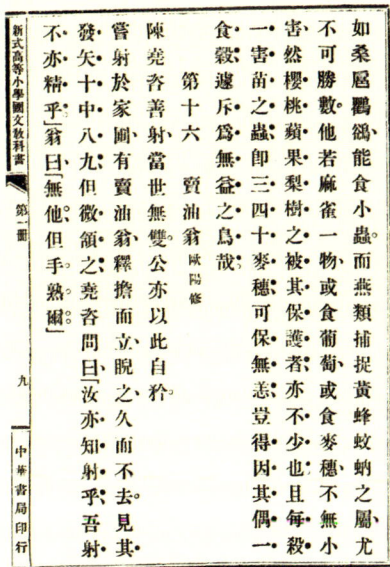

《高等小学校用 新式国文教科书》
第一册第十五课"益鸟"

之关键。如欲入政界，觅界，觅一官职之机会甚多。若不乐作官，亦可以学者之资格，加入政党为政客。予本不能作官；当时政党之作风，予亦甚不以为然；遂于政治卒无所与。一九一二年，教授上海私立甲种商业学校，至一九一四年暑假前。……暑假后，予入中华书局任编辑。予本好弄笔，但在书局，所从事者，均系教科书、教授书、参考书之类，颇觉乏味。一九一八年秋间，中央在沈阳设立高等师范学校。予内姊之夫杨星笒君，介予前往教授国文历史。予其时亦欲远游，乃辞去中华书局之事。[19]

此时，吕先生已决意不入政界，而"专意治史"。[20] 所谓"专意治史"，在当时自以进入高校任教为佳。为什么吕先生对书局工作"颇觉乏味"？这大约是"专意治史"与在书局从事编辑的不同引起的。在吕先生留存的遗稿中有一叠题为《本论》的手稿，写于1915、1916年间，其中"砭宋"一节有一段写道：

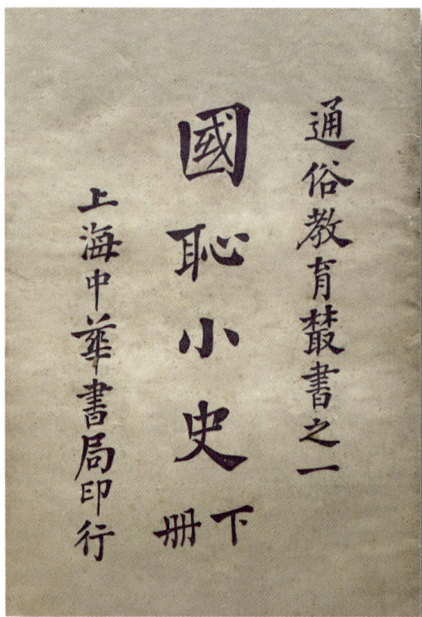

《国耻小史》（下册）书影

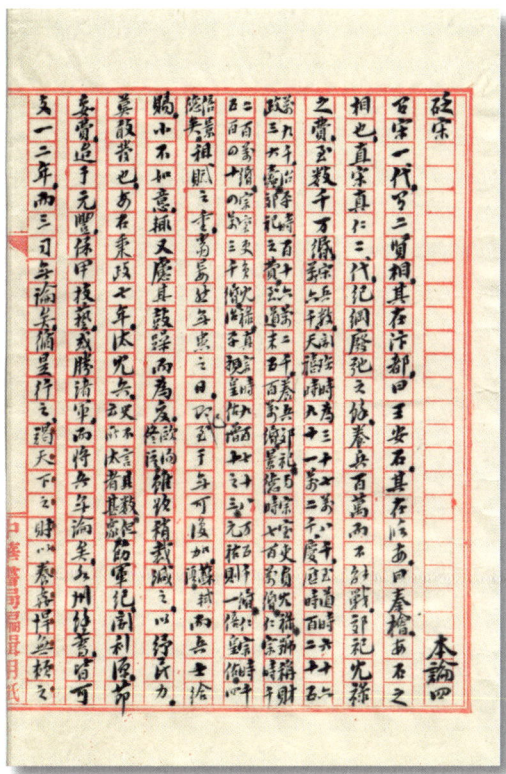

吕思勉手迹之《本论·砭宋》

当时韩、岳、张、刘，皆号称名将。然光世之骄蹇不用命，《宋史》本传，已具言之。……最不可解者，当宗弼渡江，使阿里蒲卢浑追高宗时，韩世忠、岳飞之军，皆近在江南，是时宗弼之众，不过数万，且皆久战疲惫，合而踵之，不难也。顾世忠则退驻江阴，飞则逗留广德、溧阳，不敢越独松关一步。……飞与金人遇以来，可称克捷者，惟郾城一役，他皆无可征验。[21]

对史料抱质疑的态度，对史事唯求真为目的，这是史家治史的主旨。然几乎同一时间编撰成书的《关岳合传》，对此却一无涉及，其所述所论大致与社会、民众的一般舆情相符，这自然是在书局编书不得不取的立场。吕先生的"颇觉乏味"而"欲远游"去沈阳教书，大概就是为此。

以上是吕思勉先生在中华书局任职四年的故事，至于稍后转入商务印书馆的事，需另撰一文再做记叙。

（裘陈江先生为本文的撰写提供了部分资料，特此致谢！）

（本文作者为华东师范大学历史系教授）

注：

① 据叶舟、陈吉龙：《清代常州文化系年》所记：光绪八年（1882年）秋，乡试中式的常州籍士人有沈保宜、吕景端、汪道怡、赵巽年、李正光、陆尔昭、钱鑅、恽毓鼎等十人。《清代常州文化系年》下卷，江苏人民出版社2012年版，第1302页。

② 叶舟：《中华书局创始人之一沈颐的生平与成就》，刊于《中华书局与中国近现代文化》，上海人民出版社2013年版，第300页。

③ 吕思勉：《贵妃浆》，《吕思勉全集》第26册，上海古籍出版社2015年版，第115页。

④ 吕思勉未刊遗稿。另外，吕景端去世时，吕先生代族人拟的挽联，也称"幼舲兄"。见《吕思勉全集》第26册，第40页。

⑤ 吕思勉：《从我学习历史的经过说到现在的学习方法》，刊于1941年3月16日《中美日报》副刊"堡垒"第160期。原刊印稿将"景枏"误刻成"景珊"。笔者曾误改"景珊"为"景端"，见李永圻、张耕华：

《吕思勉先生年谱长编》（上），上海古籍出版社2012年版，第45页。

⑥ 吕思勉：《三反及思想改造学习总结》，又题《自述》，写于1952年，《吕思勉全集》第12册，上海古籍出版社2015年版，第1218页。

⑦ 如吕思勉的好友刘脊生的日记"己未（1919年）九月初一日。蜀琴又询余常州诗人，近日除钱梦鲸外，尚有几人。余言老辈中有屠敬山、吕幼舲诸人，同辈中能诗者五六人，诚之其一人，但近日专力治经，不肯多作耳，遂以诚之杂着示之，相与叹赏其敏捷不置"。蜀琴，即赵宗忭（1874—1947），字蜀琴，号悔盦，江苏丹徒人。光绪二十九年举人，不乐仕宦，以课徒为生，曾任教镇江府中学堂、苏州工业专科学校等。工古诗文辞，擅书法篆刻。据吕先生所记，赵氏于民国三十六年三月二十七日去世，享年七十四岁。钱梦鲸（1875—1944），名振锽，字梦鲸，号名山，世居常州菱溪，近代著名诗人、书法家。见《吕思勉全集》第26册，上海古籍出版社2015年版第194页。

⑧ 吕思勉残存日记有云："辛丑（1902年）十月初十日。先是大姑命以颜家庙碑付裱，以付织机坊翰芳斋，凡百叶索工价二千八百文。以问少木族兄，族兄曰：叶十六文，与以千六百文足矣。是日往，与以银二元，不可。十三日其人来，又与以钱二百清账。"见李永圻、张耕华：《吕思勉先生年谱长编》（上），上海古籍出版社2012年版第75页。此处"以问少木族兄"，即如常人遇到日常生活中的疑难事，总向有经验的长辈请教询问一样。

⑨ 参见叶舟：《中华书局创始人之一沈颐的生平与成就》及胡志金：《中国教科书纂史上的一次风云际会——〈澄衷蒙学堂字课图说〉者初考》，《课程教学研究》2017年第6期。

⑩ 吕景端：《子均公传》，见《毗陵沈氏宗谱》卷二。

⑪ 《吕德骥日记》，《吕思勉先生年谱长编》（上），上海古籍出版社2012年版，第48、49、50、85、86、87、92、93、94、95、96、97、98页。

⑫ 《高等小学新修身教授书》，《吕思勉全集》第23册，上海古籍出版社2015年版。

⑬ 见北京图书馆等编：《民国时期总书目（中小学教材卷）》（书目出版社1995年版，第22、37、52页）；王有朋主编：《中国近代中小学教科书总目》，上海辞书出版社2010年版，第69、74页。

⑭ 于锦恩：《民国时期华语教材的民族认同导向和当地化进程》（见《东南大学学报》2011 年第 4 期）一文，列有十二种华侨学校专用的国语教材并有所分析，其第七种即吕思勉的《新编中华民国国文教科书》，但作者恐怕也未见到原书，只是罗列了书名。

⑮《小学教授国语宜用俗语说》，原刊 1909 年 3 月 26 日《民呼报》，但笔者未找到原文。写于 1911 年的《初等小学国语科宜用通俗文议》，也仅见篇目。其内容大约可参看《全国初等小学均宜用通俗文以统一国语议》一文。

⑯《全国初等小学均宜用通俗文以统一国语议》，原署名：博山，系吕思勉早年使用的笔名，此文为东方杂志社 1911 年的征文稿，获甲等奖，刊于《东方杂志》第 8 卷第 3 号（1911 年 4 月 25 日出版），现收入《吕思勉全集》第 11 册（第 1—8 页）。此次《东方杂志》的征文，吕先生撰写了三篇文章，以不同的笔名投稿应征，结果三篇文字均入选获奖。详见拙文《吕博山是吕思勉的曾用名》，《书城》2019 年第 2 期。

⑰ 吕思勉：《三反及思想改造学习总结》，《吕思勉全集》第 12 册，第 1220 页。

⑱ 见北京图书馆等编：《民国时期总书目（中小学教材）》，第 54 页。

⑲ 吕思勉：《三反及思想改造学习总结》，《吕思勉全集》第 12 册，第 1220 页。

⑳ 吕先生约在 23 岁时（即 1908 年前后）决定"专意治史"（《三反及思想改造学习总结》，《吕思勉全集》第 12 册，上海古籍出版社 2015 年版，第 1219 页）。

㉑ 吕思勉：《本论·砭宋》，《吕思勉全集》第 11 册，上海古籍出版社 2012 年版，第 100、101 页。

关于《中国科学院院士自述》出版的回忆

方鸿辉

　　《中国科学院院士自述》从选题策划到成书，至今已将近三十年了。新闻出版博物馆（筹）的上官消波先生要我讲述那段史实。静下心，回忆的潮水将这段已被风干的历史渐渐化开，感到还是蛮有意思的。作为这套名人自述丛书的策划编辑和责任编辑，也确实有点故事可以讲一讲。下述这些回忆片段兴许会对年轻的同仁们有所启发。

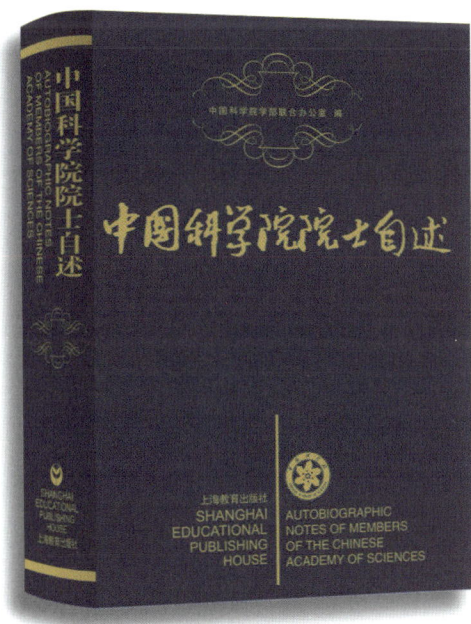

《中国科学院院士自述》书影

思考与调研有助选题创新

1990 年《瞭望》杂志等媒体透露 1991 年中国科学院将要增补学部委员的消息。我们上海教育出版社编辑部也收到了一些师生和读者的来函，被问及：中国科学院的学部委员究竟是怎么一回事？他们都由哪些科学家组成？他们是怎么当上学部委员的？他们为科学事业的发展到底做了哪些贡献？等等。说实在的，我们自己都没弄明白。好在那个年代正处于认知"科学技术是第一生产力"的大好时期，又处于倡导"尊重知识、尊重人才"的环境氛围，我们潜意识中也一直存有一种愿望：作为出版人，适时推出一些介绍当代一流科学家的读本，给正在成长中的青少年以借鉴。说得具象一点：以学部委员们为榜样在青少年成长的道路上竖起一根标杆，导引他们健康成长，即我们常说的"铁肩担道义"的正确社会导向。出于这种朴素的愿望，带着解答读者疑问的使命，我开始对图书市场及图书馆馆藏等信息进行一系列艰难但很有意义的选题调研工作。

经过近半年查询各家书店在售的新书及对各类图书馆的实地检索（当时连我们教育出版社资料室的藏书也很丰富），我印象较深的有这样两条：（1）市场上关于科学家成长的故事、科学家传记等确实不是很多，即使仅存的那些图书基本上都是描述已故科学家的，而且往往都是外国的著名科学家（诸如牛顿、爱因斯坦、居里夫人、巴甫洛夫、门捷列夫、富兰克林等），中国本土科学家鲜见（当然也见到了华罗庚、茅以升等学部委员的故事），而且作者往往都是文学家或史学家；（2）有幸读到了下面两段很有启示的话，引起了我的警觉。其中一段也是在《瞭望》上读到的，学部委员钱学森接受记者采访时的话语："我们欢迎文学家写科学家，但文学家一定要了解科学家，才能写像、写活。现在有些人一不懂科学，二不了解科学家，提笔就写，这怎么行呢？有些写科学家的文学作品不真实，瞎编一气，应当引起注意……"另一段是受人敬重的胡耀邦同志 1982 年 4 月给华罗庚的信，信中写道："几十年来，你给予人们认识自然界的东西，毕竟超过了自然界赋予你的东西。

如果自然界能宽限你更多的日子，我希望你能把你一生为科学而奋斗的动人经历，以回忆录的形式写下来，留给年轻人……完成了它，我认为就是你在科学上的超额贡献了。"

是呀，我们出版人不就是要兢兢业业地去寻找并挖掘那些真正的科学大家们在"科学上的超额贡献"吗？

选题调研中，我还了解到中国科学院学部委员的队伍状况：自然科学部分的学部委员1955年共选聘了172名，1957年增补选聘了18名。截至1979年，73名学部委员因各种境遇相继谢世，原有的190名学部委员只剩下117名。1980年增选283名后，截至1990年6月，原有的473名学部委员（即1955年、1957年选聘的加上1980年第一次增选的）只剩下318名了（谢世了近33%），且平均年龄已超过74岁。

中国科学院学部委员是我们国家在自然科学研究方面设立的最高学术称号，具有崇高的荣誉和学术上的权威性，他们是承担着为国家科学发展决策提供咨询的团队，也是中华民族科学事业复兴不可或缺的中坚力量。对于这么大人口基数的国家只有数百位自然科学的学部委员，他们为开创学科与事业所走过的道路，必然是艰辛与坎坷的，其中会有不少鲜为人知的故事或感悟，讲好他们的故事必能启发全民的智慧，激发整个民族"科教兴国"的热忱。

我以为，介绍中国科学院学部委员的读本应该时不我待地抓紧编纂；科学需要的是创新精神，体现具有创新精神风貌的有关学部委员的出版物，也理应从选题思路、写作立意、编辑手法和出版风格上有所创新，这样方能达到内容与形式的和谐统一。

综上，我大着胆子提出一个设想：（1）能否打破传统的不为活着的人立传的"禁区"，扫除狭隘的"名利"偏见，让中国科学院每一位学部委员来细说他们坎坷的成才经历？更进一步假设，倘若能由学部委员们自己来讲述（撰稿），相信能够达到叙述准确、入情入理、选材精当、形神逼真的效果。这种天马行空式的"异想天开"，操作起来肯定会有很大的难度，但若能实现我这份稚气的"创意"，必然具有科学传播史上开先河之意义，亦开创名人"自述"的风气之先。（2）假如能集起数百名中科院学部委员的文稿，无疑就构成了一部不可多得的中国现代第一流科学精英的"集体记忆"，这就相当于塑成了一座气魄雄伟的中国现代科学大师的群雕像，会留下非同凡响的文化脚印。从出版技术角度看，这种集群的手法比请每一位学部委员各自写一部自传，工作量要小得多，可操作性也许会更强。我也试想，为了能让数百位学部委员所讲述的故事集入一部书稿之中，是否可以借用辞书的形式来编纂？这相当于要勾画一部独具中国特色的科学名家辞典，类似于国外的名人词典（*Who's Who*）。当然，在技术处理上必然会有很大的难度，至少要冲破一些陈规陋习，来一番编辑工作与技术处理上的创新。

我初步设计的选题名称是《中国自然科学家自叙辞典》。当时整个书市尚无一本以自然科学学者自述形式呈现的大型辞书，也没有中国自然科学学者自述形式书稿的踪影。这部臆想中的辞书既大容量地包含科学知识，真实记录他们所从事的学科所走过的坎坷科学旅程，又融合了他们的科学思考、所选择的科研方法之成败得失，并能展现他们真实的思想风貌、精神境界和人格魅力，还能为中国乃至世界的科学文化史留下坚实的脚印。这些设计理念，应该说恰恰是选题创新的独特标记，为"尊重知识、尊重人才"推波助澜，同时为人才培育提供一些方法论的探讨。

其时我的身体状况是不允许我再从事这么一项大工程的。我所患的全身性免疫疾病——强直性脊柱炎，还处于活动期，几乎每夜（尤其是凌晨）全身关节疼痛而不能安卧。前不久我又刚参与完成了出版社内的重大项目——《教育大辞典》四个分册的编辑工作，过度劳累使全身免疫功能低下，两个膝盖关节肿得好似大馒头，不得不入住华山医院病房。得知我需要进行双膝与双髋四处滑膜的切除手术时，我固执地予以拒绝。经过一段时间保守治疗，待病情稍有稳定，我就自说自话地出院了，因为始终觉得有一种使命在召唤自己。

我有一种急迫感，确认这是一项很有意义的"抢救性"出版工程，是实实在在地传播科学知识、科学思想、科学方法、科学人文精神的大事。若能真正实现上述选题的策划思想，无论对科学史和思想史的研究，还是对文化积累，无疑都有不可估量的价值。

在不断读书与思考中，我的《科学家自叙辞典》选题的勾画也一步步趋于成熟与完善。

1991年10月8日，我斗胆地打了选题报告。最初的选题名称是《科

上海教育出版社关于《科学家自叙辞典》的选题审批单（1991年10月8日）

学家自叙辞典》，关键词是"中国""科学家""自述""辞典"，其中最核心的"想头"便是从健在的科学名家口中抢出鲜为人知且不可多得的真实史料。

我明白，也坚信，要把一件事情做成功，首先得对这件事有清晰正确的心理图像。这幅图像随着思考的深入会变得越来越清晰，越来越有可操作性。进一步开拓思维，我想还可以平行地延伸至其他领域的顶尖专家。于是，在选题报告中提出了比较庞大的出版系列辞书的设想，包括《社会科学家自叙辞典》《文学家自叙辞典》；若这三本书能被市场接受，还可考虑续编《教育家自叙辞典》《艺术家自叙辞典》《军事学家自叙辞典》《经济学家自叙辞典》，等等。

说实在的，选题的操作难度确实很大，失败的可能性也很大。中国科学院的学部委员们能否响应？再者，我的健康状况是否允许我啃下这根"硬骨头"，连我自己都持怀疑态度。因此，报告呈上去后，因为没有获得社领导的回复，我也就偃旗息鼓，只能将"天马行空"的胡思乱想压了下去，安心地搞自己的物理学老本行。

编好书需要有拼搏精神

1992年底的一次偶然机会，时任社长陈和与我聊天，谈及社里这几年经济指标完成得不错，唯独没有获大奖的书，需要抓些大选题。我把搁浅的《中国自然科学家自叙辞典》及系列图书小心翼翼地道出，他很感兴趣，认为"不妨一试"。

一回到编辑室，我立即电话联络了钱伟长的秘书刘晓明，期望能尽快组织到"三钱"（钱三强、钱学森、钱伟长）的三篇样稿。事情进展得还算顺利，不久便收到了钱三强和钱伟长两位学部委员的自述样稿，既有思想又有文采。后又很费工夫地组到了严济慈学部委员的样稿。本想再组几篇，实在是难度较大，只能作罢。

旗开得胜后，我撰写了一份较详细的《科学家自叙辞典》策划书，包括出版意图与特色、书稿内容与容量、操作方法与步骤、选题思考与延拓等，连同三篇样稿，请刘晓明先生直接面交中国科学院学部联合办公室（以下简称"中科院学部联合办"）。事后知道，中科院的领导很重视选题策划书，并送相关的研究部门进行论证。等中科院学部联合办明确表示愿意合作后，包南麟副总编率领我们于1993年初赴京签署了合作意向。同去的还有我社的徐欢欢、孙爱葆等编辑，因为社领导打算首期先组三部稿子——《中国自然科学家自叙辞典》《中国当代文学家自叙辞典》和《中国社会科学家自叙辞典》。

我们拿着三篇样稿，先后走访了中国作家协会、中国社会科学院、中国文联、教育部及学位办公室等单位，拜访了陈荒煤、江流、周明等专家。回上海后，又走访了上海作协，拜访了夏衍等老先生。

同年5月5日至8日，我又赴京与中国科学院学部联合办公室的领导们共商具体操作程序及细节。6月30日签署了中科院与出版社分工的原则协议，明确各自承担的工作。9月20日，中科院正式发"红头文件"向所有健在的学部委员及已谢世学部委员的家属征稿。

1994年1月12日，我再次赴京参加编委会，讨论具体编纂工作。同时，中科院学部联合办将第一批收获的稿件给我们带回上海初审。作为编纂的"热身"，我细致地审读每一篇文稿，进行初步的编辑加工后迅速返回中科院学部联合办，由数学物理学部、化学部、生物学部、地学部、技术科学部五大学部分头组建的专门小组对出版社初审释疑解惑，并协助我将部分亲笔书写的文稿录入电脑，以生成电子文稿。

5月，我社与中科院学部联合办正式签订了书稿的出版合同。由于国务院已批准将"中国科学院学部委员"更名为"中国科学院院士"，经反复斟酌，原先的《中国自然科学家自叙辞典》的稿名更名为《中国科学院院士自述》，其他领域的两部自叙辞典也相应更名为《中国社会科学家自述》《中国作家自述》。

1994年12月初，北京再次召开编委会，各方汇报各自的工作进度，商讨下一步的工作计划，检视文稿的缺漏以及再催稿等。返沪后，我相继拜访了居住在上海的几位著名院士李国豪、朱物华、殷之文、吴孟超、冯德培、张香桐等，除了问候或听取意见，主要是向他们索稿。

李国豪（左）与方鸿辉在复兴西路家中合影

1995 年 5 月初，书稿进入排版与读样流程。截至 1993 年，当选院士总计为 742 名，整部书稿在发排时已谢世院士 208 位，健在院士为

张香桐（前）在中国科学院上海脑研究所办公室听方鸿辉介绍文稿（1996 年 10 月 31 日）

534位,最终收入《中国科学院院士自述》文稿的是509位,绝大多数健在的院士及部分已故院士的文稿都收入了。

值得一提的是,中科院学部联合办对与我社联合编纂《中国科学院院士自述》始终予以高度重视。尤其是中国工程院成立后,不少得力的干部被抽调,使原本人手紧张的中科院学部联合办更捉襟见肘,但他们还是全力以赴,投入大量人员与精力,工作取得了很大的进展。譬如,以中科院学部联合办的名义向每一位院士发了一个红头文件组稿。该红头文件突出了"科学技术是第一生产力"的战略思想,鼓励每一位院士都努力做"科学上的超额贡献";强调"自述"并不是"自我标榜",也不是追求"个人名利",而是旨在求真务实,为科学文明留下脚印;所写的内容并不仅限于个人的学术小传,力求体现学科个性与特色,既可记学术足迹,也可叙生活态度,既可记学科,也可写人生;提出撰稿的十多个视角,供自述时参考;请各位院士能畅所欲言,为中国乃至世界科学史留下宝贵的史料。这份红头文件引起大家的高度重视,尤其是一些德高望重的老院士,不顾年老体弱,铆足了劲要做"科学上的超额贡献",亲自动手;有的院士卧病在床,还坚持以口授的方式,由学生、家人或秘书记录,自己亲笔审改;有的院士在国外访问,则通过传真或电子邮件传送到学部联合办或出版社⋯⋯这就是中国科学院院士的科学精神与人格魅力。

书稿编纂必须有特色

书稿校对流程将要收尾时,还缺一篇前言。本想请中科院院长周光召院士撰写,后来学部联合办公室又决定由主编操刀,但等了几个月也一直没有下文。时间紧迫,书稿要付型,直到1995年底,执行主编何仁甫先生打来长途电话,嘱我执笔:"整个创意与操作过程你最清楚。"只得硬着头皮写成初稿,立即发给北京。没过几天,何仁甫先生又来电:"初稿通过,一字不改;周光召院长说,就以责任编辑名义作'编者的话'放在书的开卷处。"我再三推却,却"恭敬不如从命",只能实事求是，于是就有了卷首那篇"编者的话"，不过落款坚持采用"中国科学院院士自述编辑委员会"。

诚如《中国科学院院士自述》中"编者的话"所云：本书刻意追求的是"真""新""深""广"，体现的正是"解放思想，实事求是，一切从实际出发"。

这本书确实是货真价实的院士自述，其"真"是毫无疑义的。

"新"则体现在编纂形式上：每篇文稿由两部分组成，即300字左右的学术成就简介和3000字左右的院士自述。其中自述体例与经典的辞典体行文风格不尽相同，传记、散文、随笔、评论、报告等，算是一种不守规矩的"创新"；还有李国平、谷超豪、朱夏等院士甚至用古体诗或词来自述走过的科学道路，邓稼先院士的自述是用对话形式来表达。五花八门，不拘一格，其景其情，跃然纸上。

院士的自述文字能体现较深刻的思想意境，既是我们出版此书的愿望，更是编纂中求"深"的初衷。一篇篇充满哲理和情感的自述，流露出学者们成才的坎坷、做学问的勤奋、为人的正直和对事业的执着。他们个人命运始终与时代的脉搏息息相通，爱国奉献是一生的主旋律，这些质朴的语言、生动的事实和亲身的经历，诠释了什么是家国情怀，什么是科学精神。

"广"代表500多位新老院士所从事的学术和科研领域之广，如数学、物理、化学、生物、地学、信息与工程技术等，也代表他们年龄跨度之大，如健在的金善宝院士已100岁，最年轻的支志明院士才38岁。

170多万字的《中国科学院院士自述》书稿信息量较大，学科门类较多，地域分布较广。作者来自五湖四海，且有着不同的求学背景，思维与写作方式大相径庭。为了保留和体现他们的个性，文稿加工量也就相应增多，落笔审改都得斟酌再三。也就是说，面对500多篇风格迥异的文稿，既要尊重原文的风貌，又要符合规范化表达、核对资料与数据。编辑加工后，还需分送院士本人确认并签字，等等，编辑工作量极大，难度也极高。

当时我接到中科院的指令是上海的院士由我组稿和催稿，尽可能一个不落，特别对已故院士的来稿处理要慎之又慎。已故有机化学家黄鸣龙院士的文稿迟迟未能落实，我只得找到他的学生周维善院士。其时周院士大病初愈，在他位于有机化学研究所附近的一幢新公房底楼的家，他颤巍巍地将整理好的先师"文革"时所写科研经历与思想检查从书橱中取出，希望我根据这些材料整理一篇黄院士的自述稿。我翻阅并研读被发黄的旧报纸严严实实裹着的一大包资料，仔细寻找黄院士的思想轨迹，几乎摘录了他的全部原话，"组装"成一篇自述稿，送周院士审定。周院士送其亲属确认后，再呈中科院化学学部办公室审核。原以为这篇"过五关斩六将"的文稿可成文采用，一个偶然机会，从中科院档案中发现黄院士在 1956 年的一篇演讲稿。最终舍前者，取后者。

除了为一篇文稿大费周折，有时为寻一个签名，也要花很多心力。但我明白，这是对不可多得的"濒危记忆"的抢救，不能有丝毫懈怠。譬如为了获得李四光院士的签名，通过他女儿李林院士与地质部联系，才从档案中找到李四光院士当年使用的一本《工作手册》，封面上有他的手迹。

神经生理学家冯德培院士 1994 年 8 月因肺部感染一直在华东医院住院治疗，我们为组稿多次与他的夫人联系，终于在 1995 年 4 月 6 日得到通知可以去病房探望他。冯院士满头银发，低沉地说："希望媒体少打扰科学家，时间很有限；假如我能恢复健康，还有很多新的科研工作……"得知他前天刚经历过抢救，我便不多留，但相信冯院士一定会康复。第二天，他夫人就打电话给我："冯先生同意用纪念中国生理学会 60 周年写的文稿作为《中国科学院院士自述》的稿件，同时请转告中科院学部联合办。"尽管冯院士希望媒体少打扰科学家，但他对编纂《中国科学院院士自述》这件事还是很重视，这让我很兴奋、很感动。可是，仅隔四天，4 月 10 日，噩耗传来，冯院士驾鹤西去。以后再拜读他的文稿时，我会情不自禁地联想起曾经难忘的会面而落泪。谁能说我们的工作不是一项"抢救"工程？

本土原创的科普典籍

从科学技术内容来看，《中国科学院院士自述》则是一部原创的科普典籍。

《中国科学院院士自述》组织了500多位德高望重的中科院院士们难能可贵的自述文稿，几乎囊括了我国自然科学与现代技术所有领域（数学、物理学、化学、生物学、医学、地学、天文学、勘探、考古、航天、信息科学、火箭卫星、管理，等等）的一流科学家，尽管每一位院士都述说各自领域的科研成果和科学思想，从整体来说，却完整地展现了我国近代科学发展的概貌，即以"大家"的集体智慧来表述我国乃至世界近代科学的技术知识与方法。材料的翔实可靠、语言的朴实无华与生动流畅、科学精神与人文精神的有机融合，无疑都为科普读物的写作创新与编纂创新，提供了有价值的范例。

从选题和编纂角度看，《中国科学院院士自述》还开创了一条人物传记的"自述"之路，以后又被演绎成"口述历史"。有的院士从回忆自己坎坷艰辛的科学道路中展现各自人文情怀，如汪德昭院士《反法西斯斗争的科学战壕》、陆启铿院士《我有最好的老师——华罗庚》、唐敖庆院士《我的事业在自己的祖国》等。有的院士既记学术成就，也叙生活态度，还怀师友之深情厚谊，如王志均院士《祖国，亲爱的母亲》、曾庆存院士《和泪而书的敬怀篇》等。有的院士则述及个人对某一学科领域所做的贡献，如王大珩院士《我是时代的幸运儿》、黄汲清院士《为祖国找油气田》、李国豪院士《情系祖国的大桥》等；赵忠尧院士还对重要的科学史实做了有价值的钩沉，在《为祖国兢兢业业地工作》一文中，他回忆了1930年在美国实验室对反常吸收和特殊辐射方面的发现，以揭示长期"被人所遗忘的角落"——中国科学家对正电子发现的贡献，还了科学史的本来面目；贝时璋院士《细胞重建的研究》、裴文中院士《"北京人"采掘记》、赵九章院士《1964年致周恩来的一封信》等，为中国乃至世界科学史研究留下了宝贵又可靠的真实记录。可见，《中国科学院院士自述》是院士们不可再生的"集体记忆"，对技术创新及管理创新也有很大的启示作用。

《中国科学院院士自述》中 509 篇各具特色的自述，从不同的侧面客观地记录了中国科学大家们的精神风貌与心路历程，真实地展现中国科学界的优秀风范。院士们重彩着墨处正体现了日后国家所颁布的《科普法》的精神，彰显了中国科学家的科学文化思考——科学伦理、科学道德、科学哲学诸方面的通透思想（如邹承鲁院士的《愿科学兴旺发达、人才辈出》、竺可桢院士的《一要爱国，二要不断努力》、王大中院士的《知难而进，走自主创新之路》、俞汝勤院士的《科学工作者要有人文底蕴》等），均以自身或所从事的学科视角来回顾所走过的坎坷历程，感悟科学精神、科学思想和科学方法对科学发展的支撑作用，反思科学伦理和科学道德对构建和谐社会不可或缺的价值力量，展望科学文化对人类文明进程不可替代的推动作用。这种鲜活的、灿烂的思想碎片的拾取与集成，既是一种创新，也高扬了爱我中华的科学情怀，体现的是中华复兴的民族精神，足以激励后辈科学工作者，并借此为中国乃至世界科技思想发展史的文化研究留下弥足珍贵的史料。这种以科学大家的集体智慧和庞大阵容来普及科学的传播视角也是非常独特、确有创意的。

院士们所写的这些自述文稿就是他们在科学上的"超额贡献"，能让读者体悟到求学成才的境界以及人类应该确立"与自然和谐相处""与社会和谐相处"的信仰，应该注重科学技术与人文理念的"综合"。这"和""合"二"仙"能保佑人类走出技术的阴影和人性的暗区，自觉地将人类的生存与发展纳入大自然的普遍和谐，在大自然协调统一的庄严秩序中发挥人类的非凡智慧与创造才能，如刘东生院士的《科研是一项没有现场观众为之欢呼的运动》、陈能宽院士的《中国为什么要搞原子能》、唐稚松院士的《志汇中西归大海 学兼文理求天籁》等。

在《中国科学院院士自述》中，处处洋溢着上述智慧与才能，这是中国人的"聪明学"；处处体现着院士们为贯通科学与人文所做的不懈努力，这是中国人的"勤劳学"。将 509 篇凝练的、有创见的思想力作集成于一书，无疑也构建起一座中国科学思想的宝库，怎么说也是院士们在"科学上的超额贡献"吧。

许多院士评价：《中国科学院院士自述》有个性，有品位，是从中国文化的根里长出来的东西，是中华民族尊严的表现。

当然，这部书稿也从一个侧面展示了中国乃至世界科学发展的轨迹。

在《中国科学院院士自述》中，展现了院士们的文化底蕴（如秉志院士的《人民的智力与德行紧系国运》、肖纪美院士的《老得太快知得太晚 做得太少》等），吸收了中国传统文化的养料。有的院士对学科做了充满激情的展望，对学术界寄予殷切的期望，尤其是对我国的后辈学者谆谆嘱托，深情告诫：科学是追求真理的事业，科学的发展要符合国情，要有所为有所不为；科学的道路上缺少的是鲜花和掌声，充满的是荆棘和险情，要有坚忍不拔的毅力和献身精神；在科学征途上取得的哪怕是点滴成果，都毫无疑问地构成了人类进步的阶梯，即使是失败的惨痛，也是对科学发展的启迪与宝贵的财富（如王选院士的《人生的抉择》、周秀骥院士的《科学与艺术的享受》、钟万勰院士的《科学研究要独立自主 要走自己的路》等）。

有的院士结合个人成长的经历，语重心长地告诫读者事业成功的必备条件，饶有兴趣地回忆了科学探索中难忘的事件，侃侃而谈科学研究中的方法与艺术：真理，不论是多么珍贵的真理，也不是生活的全部内容，它应该以美和仁爱来补充；科学是一条充满汗水的拼搏之路，选择科学就是选择了风雨兼程，也同时选择了生命的永恒；科学事业是无悔的事业，而机遇垂青那些懂得追求她的人；科学家尊重的只能是科学（如宋健院士的《勤奋和机遇》、路甬祥院士的《理想、勤奋与持之以恒》等）。

有的院士精到地悟出了求学之道的三境界："昨夜西风凋碧树，独上高楼，望尽天涯路"（立志立题，确立科研思路的过程）；"衣带渐宽终不悔，为伊消得人憔悴"（殚精竭虑，百折不挠）；"众里寻他千百度，蓦然回首，那人却在，灯火阑珊处"（上下求索，终有所得）。

还有的院士论述了人生格言、业余爱好及对成才起决定作用的祖国传统文化典籍和导师的报告（如王梓坤院士的《读书面面观》等）。

"书山有路勤为径，学海无涯苦作舟"，这"勤""苦"之道已成了广大院士的共识。

这部书稿也实实在在是一本院士们坎坷成才之路的报告集，带有鲜明的中国文化的烙印，授读者以渔，可终身受用，启迪无限。

展现在广大读者面前的这本《中国科学院院士自述》没有"假、大、空"的言论，没有权威自居的唬人说教，而是与读者坦诚地对话，是丰厚的、富含哲理的院士思想的大集成。大音希声，大道无形，大智之人，不耽于形，不逐于力，不持于技。《中国科学院院士自述》除具有求真、求新、求深、求广之特色外，着意在院士们的思维之光，成功之道，为人之理。

通盘考虑 及时首发

我社于1995年底陆续收到院士们改定和签名确认的稿子，但有部分院士签名及头像照片还有缺漏，加之审读的工作量很大，按传统的出版流程和时间安排，这部书稿最快得在1996年底才能出版。但是1996年6月初要召开两院院士大会，这对我们来说是一个宣传、推广的好时机。再者，当时的新华书店发行所报来的"全国订数"才400册，并不能真实反映市场需求，倘能在院士大会前出版，中科院会订购1000册。时不我待，社领导统筹安排，各部门大力协助，夜以继日，终于赶在当年5月中旬印出3000册精装本，运往北京1000多册。

1996年6月4日上午，首发式在北京京西宾馆召开。周光召、朱光亚、严东生、刘东生、李国豪、谢希德、曾融生、吴旻、唐九华等九位院士及中科院、工程院、国科委、中科协等多位领导都出席现场活动。他们一致认为："这是一部空前的真人、真思想的传世之作，是一部宣传'科学技术是第一生产力'的不朽精品，也是一部不可多得的爱国主义和精神文明的理想教材。"

当晚，中央电视台"新闻联播"报道了首发式盛况，其中还有谢希德等院士的发言片段。第二天，《人民日报》、新华社、新华每日电讯、《光明日报》、《解放军报》等主要媒体和北京、上海各大报纸以本报北京6月4日专电（驻京记者陈琳）由上海教育出版社出版的《中国科学院院士自述》今天在两地同时面世，引起热烈反响。周光召、朱光亚称赞此书是一件"功德无量的举措"。

这本16开本特精装的图书皇皇170万言，共收入536位中科院新老院士的文稿，均由院士本人亲自撰述。真人、真事、真思想，读来亲切生动，为国内鲜见。他们各具风采的自述，为我国乃至世界科技史留下了极其珍贵的资料。上海教育出版社社长陈和表示，将尽快从该书中精选出数十篇具有代表性的文稿，配以插图编成一本小册子，奉献给广大青少年。

篇篇独具风采·读来亲切生动

《中国科学院院士自述》面世

科学的心曲

——《中国科学院院士自述》首发式侧记

（报道正文因清晰度有限，部分文字略）

新华社对《中国科学院院士自述》首发式的报道

及中央人民广播电台等数十家广电媒体均在显著位置报道《中国科学院院士自述》出版的消息，舆论普遍认为，上海教育出版社为实施"科教兴国"战略做了一件大好事，正如中科院院长周光召院士认为的那样，"出版《中国科学院院士自述》这件事功德无量"。

在此不得不提到谢希德院士。首发式那天谢院士由秘书搀扶着进入会议厅，一落座，就打开《中国科学院院士自述》细细阅读起来。轮到她发言时，她接过话筒有感而发："读这部书，就像在同熟悉的和不相识的院士交谈。当我读到张文裕、王承书两位院士的自述时，心情很激动。他们是我从小就很崇敬的科学家，他们走过的路给了我很大的激励。遗憾的是，我的丈夫曹天钦还没来得及写他的自述，就去世了。我想，他一定有很多话要对大家说……"

情真意切的话语，令在座嘉宾深受感动，后来新华社通讯稿还特别转引了这段话。不过谢老的话引起我和其他编委的深深自责，周光召院长邀请我们在京西宾馆餐厅与院士们共进午餐时候，席间曾关切地问："怎么把曹天钦院士给漏了？"

实际上，征稿信是发至每一位院士的，考虑到曹院士已呈"植物人"状态，实在不忍心加重他和家人的负担，就没有再去催稿。谢老的遗憾，折射出我们工作中的失误，首发式后，我就一直盘算如何弥补谢老的遗憾。

同年8月，上海举办首届上海书市，为弘扬科学精神，传播科学思想，社领导要我在书市主会场的上海友谊会堂组织一次院士读书报告会。酷暑天气请院士来做报告，任务挺艰巨。他们都是大忙人，不少年事已高，怎么请呢？我较为熟识的吴孟超、杨雄里等院士又不在上海，无奈之下，我怀着愧疚的心情试着去邀请谢希德院士，没想到谢老一口答应。宣传海报一出，读者知道是谢希德和苗永瑞两位院士的读书报告会，8月15日那天的会场挤得水泄不通，连通道上也全是席地而坐的听众。

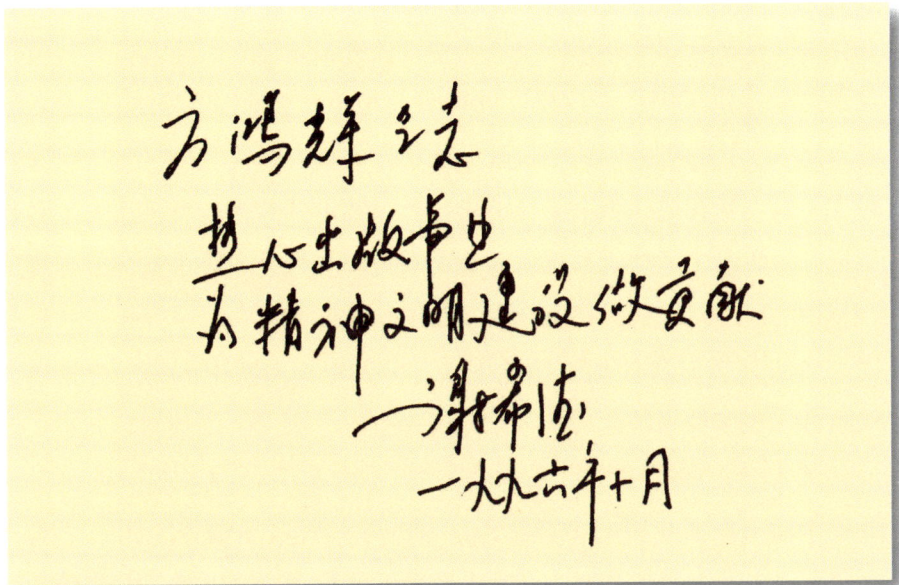

谢希德院士为方鸿辉题词（1996年）

　　谢老用纯正的普通话，向听众讲述了自己求学的坎坷经历，希望当代青少年能读一些有品位的读本，她很直率地推荐名人传记类作品，尤其是科学家的传记，因为能从中学到不少好的思维方法和处世哲理。谈及应试教育要向素质教育转轨的话题，作为德高望重的老科学家和教育家，谢老发表了"人才最关键的是要从小学、中学等基础环节抓起""多出真正让学生喜欢的有营养的健康读本"等很有见地的想法。关于如何撰写《中国科学院院士自述》中的文稿时她说："这篇自述性文稿的撰写，起先我很犹豫，不知从哪儿写起。后来我想文稿并不要求全面，可从当时自己想得最多的入手。因此，我就从自己一生经历中，选几件自己印象比较深的事情来谈。我觉得我写的是真实的，是我心里要讲的话。看看其他院士写的自述文稿，也大都有这个特点。我觉得这本书所以受社会欢迎，就是真实的缘故。而且它不求全，写出了每位院士认为对自己来说比较有价值的一点一滴。"

　　读书报告会的听众中有时任上海新闻出版局局长的孙颙，报告结束后，他布置了任务，要在一个月内出版《中国科学院院士自述》的青少年版，把这份有营养的精神食粮奉献给广大青少年，同时参加9月底在北京开幕的全国青少年图书展。尽管任务很紧迫，又遇大暑天，但我觉得这是提供了补偿"遗憾"的机会，可以将曹天钦院士的自述文稿收入其中。我的想法得到中科院学部领导的首肯，他们全权委托我选编青少年版。当我把这个决定告诉谢老后，她十分高兴。没过几天，谢老亲自打印的以《生物技术应用前景无限宽广》为题的曹院士自述文稿及一封亲笔信一同寄给了我，并要我在编辑时加上"本文为曹天钦院士亲撰，发表于《迎接新的技术革命》上册，240页，湖南科学技术出版社，1984年"的说明文字。

　　《中国科学院院士自述（青少年版）》如期于9月底出现在全国青少年图书展上。10月9日下午，我一拿到带着油墨香的样书，就送到谢老家去。谢老接过书，没来得及坐下就翻到"展望篇"中带有曹院士照片的《生物技术应用前景无限宽广》一文，连声说："太好了！多谢！"

好书也得多媒体全方位宣传

《中国科学院院士自述》出版前的 1995 年下半年，我们对先期收到的部分稿件，有选择地在《文汇报》《读者导报》上刊载，为日后发行做了些铺垫和推广工作。

首发式后，《中国科学报》《科学生活》《新民晚报》《青年报》《北京晚报》《读者文摘》《今日上海》《上海青少年科技报》等相继刊（连）载院士的自述文稿。上海电视台"阅读长廊"和上海人民广播电台"读书沙龙""今日科技"等节目对《中国科学院院士自述》做了专题报道和访谈节目；中央人民广播电台还在每周"走近科学家"栏目进行专题介绍。

此外，我们策划了一系列读书活动，提高宣传力度，包括上述提到的上海首届书市请院士做读书报告。1996 年 11 月深圳书市上，我们举行了《中国科学院院士自述（青少年版）》首发式，特邀王梓坤院士从汕头大学赶来做了题为"名人成才启示录"的读书报告。1997 年 5 月，我们与上海市教委德育处、《青年报》《青少年科技报》等联合

方鸿辉获得 2014 年上海科普教育创新奖一等奖

《中国科学院院士自述》《中国工程院院士自述》获上海市
科技进步奖三等奖（1999 年）

组织"科学技术：飞向 21 世纪的金翅膀"系列活动，让全市中学生通
过征文、演讲、知识竞赛等活动投入到"学院士精神，走院士道路"
的读书活动中，为素质教育提供了理想的教材。作为本书责编，我还
到各所中学做读书辅导报告，并发表多篇书评和院士访谈录，以扩大《中
国科学院院士自述》的社会影响。

1997 年，《中国科学院院士自述》荣获中宣部第六届精神文明建
设"五个一工程"一本好书奖。1998 年，《中国科学院院士自述》姊妹篇——
《中国工程院院士自述》也顺利面世，这是 1994 年中国工程院成立后
我们就提出的编纂愿望，也得到社会各界的好评。1999 年，这两本书
作为一个项目，荣获上海科技进步奖三等奖。

《中国科学院院士自述》初版 3000 册，当年 12 月第二次加印
5000 册。1997 年后又一次次被重印，前后印了 2 万多册。《中国科学
院院士自述》《中国工程院院士自述》的青少年版共演化成普通版、中
学生文库版、支援老少边地区图书馆的《院士述情怀》三种版本，先后
印发近 20 万册，并先后被评为全国首届青年读物二等奖、上海市优秀

学生读物一等奖、上海市优秀科普读物一等奖等。

1999 年，中华人民共和国成立五十周年时，在上海评出的"50 年 500 本精品"中，《中国科学院院士自述》《中国工程院院士自述》《中国社会科学家自述》《中国作家自述》都入选其中。

链式反应 持续推进

《中国科学院院士自述》出版后，不仅在社会上引起很好的反响，院士群体对此书也给予了很高的评价。1996 年 12 月 30 日，中科院学部联合办给我社寄来《部分院士和科学家对〈中国科学院院士自述〉一书的高度评价》一文，还告知我们，当初有院士因各种原因没能在规定时间完稿，事后表示了极大的遗憾，向学部联合办（也曾有院士直接电话联系出版社）咨询是否有添补的可能。

说实在的，我们很希望能将截至 1993 年底当选的每一位院士的自述都无遗漏地收入，但是书稿已经面世，要满足部分院士想补入文稿的要求，在操作上有很大的困难。好在每隔两年都会增选一批院士，这支队伍总体上在不断壮大，若干年后《中国科学院院士自述》也一定会增补并修订重版。

果然在 2003 年末，中国科学院院士工作局又与我们签订了补充协议，对《中国科学院院士自述》做一次大修订，而且因为 2005 年是中科院学部成立五十周年，作为学部历程的回顾，将书稿更名为《科学的道路》，以特别精装的形式出版。

由于有了十年前的文稿积累和一系列组稿、编辑、出版等操作经验，这一套书我做得比较得心应手。其中有 100 多位院士撤回原稿重新撰写，又新添了 100 多位院士的文稿（大半是 1995 年后当选的院士）。最终全书共收录 627 位中科院院士的自述文稿，总字数增加至 320 多万字，只能分成上、下两卷。《科学的道路》于 2005 年 5 月顺利出版，6 月在北京人民大会堂庆祝中科院学部成立五十周年大会上首发，同样得到各界的一致好评。

《科学的道路》保持了《中国科学院院士自述》的"自述"特色，也做了一些创新：（1）将每一篇院士的自述文稿全部重新编辑加工并提炼了达意的标题，但原先以院士名为词条、以姓名的汉字笔画排序之原则仍不变；（2）仍以五大学部分成五个部分，但原先的"生物学部"更名为"生命科学和医学学部"；（3）版式做改变，以通栏排字，每一位院士的自述均另起一面；（4）变原先的"院士签名加汉语拼音"为"长号书宋体排字加汉语拼音"，将院士签名置于文章标题左下方；（5）院士的学术简历不再置于每篇文稿的起始部，而置于起始面的底部，衬浅灰底纹，楷体排字；（6）凡自述文稿收尾后若有留空10行以上的，都请院士提供墨宝，内容由院士本人决定，既可用硬笔书写，也可用毛笔书写，由此征集到不少各显风采的书法作品，使书稿平添了人文色彩；（7）随着年份的增长，附录除保留"历届当选的中国科学院院士"（从1955年到2003年共1026人），另外增设附录二，即截至2003年历届当选的"中国科学院外籍院士"名录（45人），还增设了附录三，即

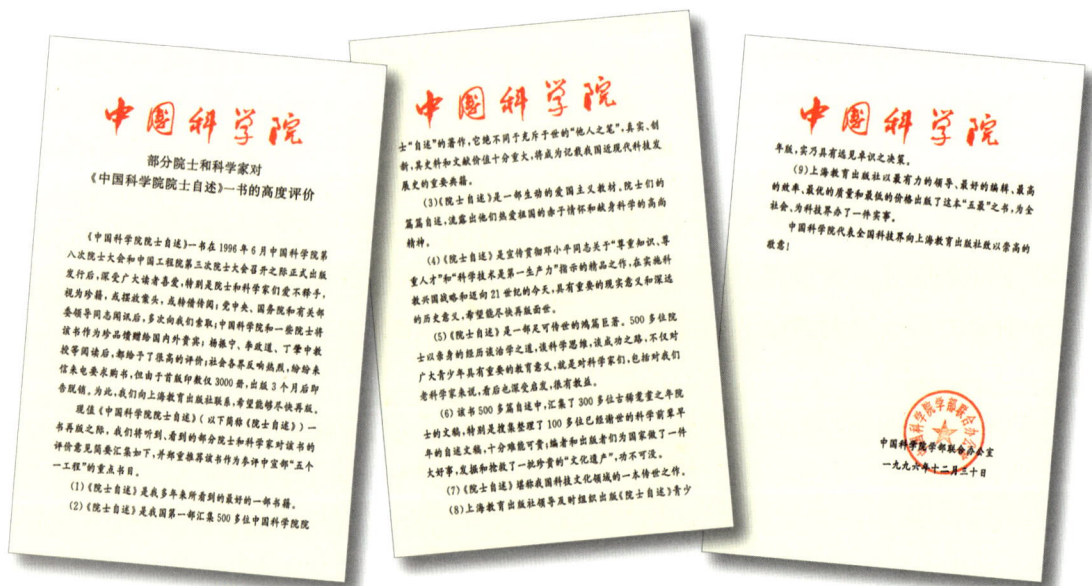

部分院士和科学家对《中国科学院院士自述》的评价

《科学的道路（下卷）》书影

截至 2005 年"已故中国科学院院士"名录（357 人）。

《科学的道路》共印 10500 册，2007 年上海书展期间，我们邀请杨雄里院士对此做专题报告。青少年版《科学梦与成才路》被指定为中小学"讲科学家故事"比赛专用材料，听众覆盖面达十几万人次。

行文至此，我从书橱取出 1996 年 1 版 1 次的《中国科学院院士自述》，做了一次统计，截至 2019 年 12 月 29 日，当年编入此书稿的 509 位院士中的 75% 已谢世，这些文稿也成世纪"绝唱"，其文献价值是相当高的。

（本文作者为上海教育出版社编审）

张元济与洋医生柯师太福

范 军

搜索一代出版巨擘张元济的"朋友圈",自然称得上是"出入皆鸿儒,往来无白丁"。这个圈子里不乏政界精英、商界领袖,还有学界大师,当然新闻出版界诸多闻人也在其中。他交往频繁的友人,不仅有中国人,也有一些外国人,尤其是在华工作的外籍高端人士,柯师太福就是其中之一。

张元济的孙女张珑在一篇文章中这样写道:

张元济（1910 年）

根据《张元济年谱长编》的记载以及家人的回忆，我们得知他有一位英国朋友柯师太福医生。张元济和住所相近的好友严复、伍光建，常常在柯师太福医生家里的阳台上相聚聊天。严、伍与柯用英语对话，而张则在旁细听，用心揣摩。由此他的英语听、说能力大有长进。据我的堂姐、张元济的侄孙女张祥保回忆，柯师太福大夫结婚后，是在我们家度蜜月的。张祥保小时候认识柯氏夫妇，并经常听见张元济用一种她"听不懂的语言"和他们交谈。我小时候也有过类似的经历。①

从这段叙述可见张元济与洋医生柯师太福关系非同一般。那么这位柯师太福到底是怎样一个人？他和张元济有怎样的具体联系？其中又反映出张元济什么样的思想观念（比如对中西医的看法）？鉴于此，有必要更加深入细致地对相关问题做刨根问底的爬梳与探究。

柯师太福其人及其在中国的情况

由于柯师太福在 20 世纪之初就到了中国，且待的时间很长，参与的工作较为重要，影响也比较大，因此除了在张元济等人的日记、书札中留下痕迹，其他地方也能找到他的一些材料及相关线索。笔者从网络、报刊查到主要有两三篇文章，若辅以其他文献，其事实的可信度较高，这对于了解他的生平事迹尤其是在中国的经历、贡献具有重要参考价值。

有一篇标题为《"和平使者"柯师》的文章②，在"中国红十字会的'双师'"一节中，对柯师太福介绍得较为清楚：

斯塔福德·M·考克斯（Dr.Stafford M.Cox），中文译名柯师、柯师太福，英国人，内科学博士，1900 年来华，担任上海海关医官。他与商务印书馆经理张元济、著名思想家严复等是交谊很深的挚友，与中国红十字会创始人之一的沈敦和过从甚密，多次参与红十字会相关医务工作。

时任中国红十字会医师兼教师的柯师太福

1908 年，中国红十字会在上海天津路 316 号创设临时时疫医院时，就请柯师坐诊。同年，沈敦和在上海宁波路 43 号创设急痧医院时，也"请英国柯师医生担任施治"，一切费用全免。1910 年，中国红十字会鉴于总医院建成使用，特聘柯师为总医院内科医师。不久，中国红十字会医学堂在总医院旁拔地而起，当年招生，柯师又被聘为教员，"用最新学术教授专门医科"。

柯师以"双师"身份，一直尽心尽力于红十字事务，直到 1925 年去世。

多方面的材料显示，柯师的主要贡献是在治疗"时疫"（就是现在的传染病）方面。对此，柳和城的一篇专文有较为详尽的阐述[③]。文中介绍：1902 年至 1903 年间出现一种叫"红痧症"的流行病。1907 年夏，上海流行"烂喉痧"（即白喉），来势很凶，感染者成百上千，死亡病例不断攀升，社会上一片恐慌。租界的工部局深感疫情严重，赶紧在靶子路（今武进路）设立了一所医院，收治白喉病人，请来柯师太福主持医务。自受命救治白喉病人后，他全身心地投入此项工作。经他救治的 143 名患者，大多康复。柯师太福主要用盐水注射法治疗白喉病人。他深知此法利弊，经过多年摸索，改良注射器，使得这次抢救几乎"百无一失"，柯师自此名声大著。1908年初，一所中国人创办的专治白喉病的医院在紧急疫情中诞生了。这家医院隶属中国红十字会，牵头创办者沈敦和朱佩珍（葆三）力邀柯师太福主持诊务。建院之初，经费短绌，柯师和几位中国医生不仅分文不取，还慷慨解囊，捐款助诊。1913年，该院改称时疫医院，柯师太福正式就任医务主任。经他手添置的医疗机器达二十余架，病房可容纳数百人。柯师更成了大忙人，同时兼任红十字会总医院的医务主任。1910年，总医院旁设立医学堂，他又兼任内科教员，直接培养医疗和防疫的专门人才。现在还可从当时的有关

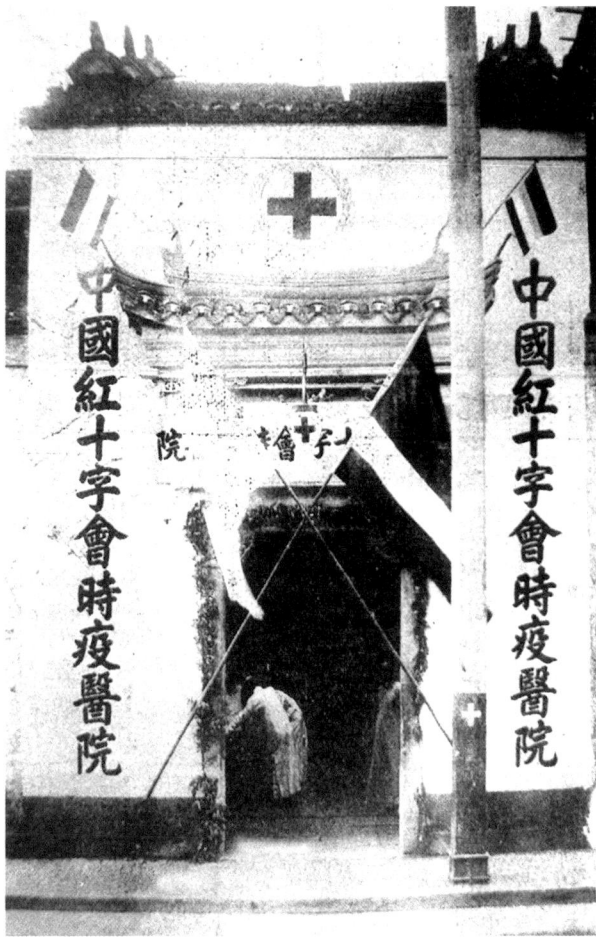

位于上海天津路的时疫医院

报刊查到招生广告。

在《"和平使者"柯师》一文中，柯师太福另有两件重要的事被提及。

一是担任辛亥战地救护的"柯队长"。1911 年 10 月 10 日武昌起义爆发后，武汉三镇战火熊熊，死伤惨重。沈敦和在上海发起成立"中国红十字会万国董事会"（沈为"总董"），紧急调动人道资源，进行救援。25 日，三十余名救护人员分编为甲乙丙三支救护队，驰援战地。沈要统筹指挥，无法脱身，遂拜托柯师太福为队长。柯师表示万苦不辞，毅然带队前往。武汉救伤持续了月余，柯师不仅亲自上阵救人、问诊、做手术，而且统领指挥，总共救治伤病的士兵 3000 多人，一般民众 200 多人，成绩显著。

二是"二次革命"时期充当"和事佬"。1913 年 7 月上旬，李烈钧在湖口起义，宣布江西独立，反对袁世凯专制独裁的"二次革命"爆发。接着，安徽、上海、广东等省区相继独立，举兵讨袁。袁世凯调兵南下"戡乱"，一时烽烟四起，天昏地暗。7 月中旬，为避免伤及平民，中国红十字会要求双方停战，柯师和沈敦和分头行动，"以红十字博爱恤兵之名义分往两方面苦求"，终使"两军允中国红十字会之请，休战八小时，拯救伤兵伤民"。此后，柯师屡次充当"特使"前往斡旋，皆发挥了积极作用。《民国通俗演义》第三十回《占督署何海鸣弄兵，让炮台钮永建退走》，就栩栩如生地描绘了柯师奉劝松江讨袁军总司令钮永建息兵的故事。有专家在上海图书馆整理出版的《辛亥革命写真画》（根据商务印书馆 1911 年 12 月至 1912 年 4 月出版的《大革命写真画》重排）中发现，其中收录柯师的一张半身像，他身穿救护队队服，臂佩红十字袖章，中文图注为"中国红十字会总大夫——[英国] 柯师大夫"，英语图注中柯师的姓名为 Dr.Stafford M.Cox，由此能够一睹其真容和风采。还有一张图注为"中国红十字会救护队与黎元洪"的集体合影，站在鄂军都督黎元洪身边的那位留着八字胡的"老外"，即是柯师。1920 年 8 月，民国军政府授予柯师三等文虎勋章。

1900 年从英国来到上海担任海关医官，直到 1925 年在沪上去世，柯师太福在中国度过了整整 25 年的岁月。需要辨明的是，关于柯师到底是哪里人的问题。一般认为他是英国人，也有说是爱尔兰人，如上面引述过的柳和城的文章如是，北京印刷学院叶新也称柯师属爱尔兰。笔者分析，柯师太福家乡可能在南爱尔兰，但他1925年去世时，那里尚属英联邦。1920年，英政府采取"分而治之"政策，允许爱尔兰南部26个郡成立爱尔兰自由邦，有自治权，北部6个邦仍置于英国统治之下。1937年南爱尔兰宣布为独立共和国。1948年爱尔兰宣布脱离英联邦，英国继续保留北部6个郡，改国名为"大不列颠及北爱尔兰联合王国"。柯师太福早年在英国的详细情况还有待进一步考证。

张元济与柯师太福的私人友情

张元济与柯师太福"定交"在1902年，中间人则是他们共同的朋友严复。《张元济年谱长编》对此有说明：

> 是年，经严复介绍，与爱尔兰医师柯师太福定交。"柯师太福，英国爱尔兰人，习医于都孛林大学，光绪庚子来上海，为海关官医。越二年，余遇之侯官严几道所。几道语余，君好交吾国人，天性肫挚，可交也。自是尝相过从。一日饭君邸，仆告路人中暑踣地。君亟拉余出，移置树阴下，以所乘车载之病院，为之拯疗，比归再饭，已越二小时矣。"（《柯师太福医生墓志铭》，手稿）④

这段文字的信息量相当丰富，张元济不仅说明了两人如何"定交"，还对柯师太福的诚朴实在予以阐发，特别是用具体事例来论证柯师的为人处世与优良品德，给人印象深刻。柯师去世后由张元济撰写的《墓志铭》现收录在《张元济全集》第5卷（诗文）中。张元济与柯师太福定交后20余年，两人一直是惺惺相惜、互相帮助的好友。他们的交往既有私谊，也有不少是为了公益。此节先说前一方面。

朋友间的私下交往免不了相互拜访、一起聚餐、同行出游等。有时候是两个人的单聚，也有时候是三五友人的团聚。如1906年1月11

日郑孝胥访"严又陵，谈久之，座中遇张菊生及英医士柯"⑤，3 月 16 日严复（字又陵）宴请郑孝胥、张元济（号菊生）、柯师太福、瑞莘儒等⑥，10 月 2 日，张元济、柯师太福邀约郑孝胥和严复小聚⑦。交情深的老朋友，到对方家拜访，时间晚了，有时就吃个便饭。如 1922 年 3 月 13 日，张元济日记："午前到公司，午饭前出，到柯医生处午餐。"⑧关于张元济与柯师的结伴出游，也曾有详细记载：

> 是年（1904）秋，偕柯师太福游历泰山等地。"君好游。甲辰秋，余偕登泰山，过曲阜，谒孔林，徘徊不忍去。"（《柯师太福医生墓志铭》，手稿）⑨

显然，柯师太福虽是个医生，但他对中国传统文化包括文学艺术有着浓厚的兴趣。1910 年张元济赴欧美考察，柯师太福"偕行"，不过主要是公务而非私人旅行。那时候，柯师在沪上算是生活条件比较好的，他不仅有小汽车，还有私家游艇，而张元济还曾专门借用了一次游艇。1922 年清明节前后，张元济带着家人一起回海盐老家扫墓，他的哲嗣张树年对此有过亲切的回忆：

> ……母亲与父亲结缡后，这是第一次回海盐，因此格外隆重。我和姊姊同行，女仆大姐亦带去。父亲事先向柯师太福借了他的游艇。时洋人备有私人游艇的很多，集中停泊在四川路桥附近的船埠。我们动身那天，柯师医生船已摇到老垃圾桥内河轮船码头（在苏州河浙江路）挂上去嘉兴的夜班轮船。
>
> 我们到码头即上船，夕阳西下开船。这只游艇相当大，亦很精致。船头是舵房，船后是厨房，侧面有两小房间。主舱很宽敞，两边沿窗各有一排沙发，中间有方桌，另有几把椅子。沙发可以折叠，放下即成四只床铺。⑩

张元济一行是 4 月 3 日离沪，17 日返回，前后整整两周。从这艘私家游艇我们也可见当时西方人的生活观念与方式。作为晚清翰林出生的张元济,其实是很能与时俱进的。张家20世纪20年代在极司菲尔路(今万航渡路)购置土地、建造花园洋房即其一例。后来为儿子张树年就学之事,张元济也认真听取了柯师太福的意见和建议,选择了圣约翰大学附中,后来树年顺理成章又上了圣约翰大学,继而放洋海外。⑪ 1909年流行鼠疫,张元济接受柯师建议,迁居到了苏州河南的长吉里⑫。

正因为彼此相知,"书籍"也就成了两人交流的一个重要的媒介。1919年3月31日,张元济"到海关码头送柯医生行,并送《英译唐诗选》二元,又斋尔士《中国画史》一册七元二角"⑬。1921年1月31日,张元济日记的"杂记"栏有如下记载:"面交洋八元与柯医生。柯托余买书三种论画二十元零数。柯为余买鱼肝油十二元有零,黄金台十六元。故余找伊八元两讫。"⑭

张元济与柯师太福还有一层英语学习上的特殊关系,那就是"师生"。张元济未曾留洋,也没有上过新式学堂,却在同辈人中有较好的外语水平,在一定程度上得益于柯师的直接帮助。20世纪初叶张元济加盟商务印书馆后,就把家安在上海苏州河北岸文极司脱路(今文安路)长康里,一住就是若干年。当时,伍光建、夏曾佑等名流也都住在这里,严复是在长康里东南一座洋房里。这些朋友多有留洋背景,外语水平上佳。因为相互毗邻,严复、伍光建、张元济"三人过从甚密,常会于柯师太福医师寓所。四个人还曾有过一张合影。时柯医住于今北苏州路河南路东首苏州河畔一座西式小楼。他们常相叙于小楼阳台,严、伍与柯用英语对话,先生在旁细听,用心揣摩。由此先生英语听、讲水平大进"。⑮ 本文开头引张珑话,当出自这里。1905年1月24日,严复从英国伦敦致信张元济说:

> 近来英、法所最可喜者,东来学子日多,拔十得五,不乏有志之士。游欧所以胜于游日也,学子皆知学问无穷,尚肯沉潜致力,无东洋留学生叫嚣躁进之风耳……兄在柯大夫处学习英文(柯处祈代致意,千万!另日当有去信。),甚望认真,此事勿视为泛泛也。⑯

柯师太福致张元济手稿

　　张元济是干什么都很认真的人，所以严复叮嘱他别把学习英文视为"泛泛"之事，毕竟有些多余，但也可以看出二人的真诚友情。顺便一提，严复最得意的弟子熊季廉病重，他出面请柯师医生前往救治；因病情复杂危重，柯师还邀请英德法三国西医会诊，但最终仍旧未能挽回与严复形同父子的熊季廉生命。[17] 十多年后的 1916 年 8 月，茅盾（沈雁冰）从北大预科毕业经人介绍到商务印书馆编译所就职，第一次拜见张元济，见到他拿起电话"用很流利的英语跟对方通话"[18]，那个"对方"正是商务印书馆英文部长邝富灼博士，据说他是一个汉语说不流畅的大"海龟"（海归）。

　　作为沪上名医，柯师太福也尽其所能关心张元济的健康。1921 年九十月间，张元济赴北京公干，因病于 9 月 28 日住进中央医院，后转入使馆区的德国医院，直到 10 月 22 日才治愈出院。据张树年回忆说，父亲在京生病住院，"柯师太福医生在上海得知后，极为关切，每天与克利医生通电报（那时没有长途电话），掌握病情变化。有一天柯师医生来我家，告知母亲关于父亲之病的严重性，建议立即准备带领我去北京，真有'诀别'之意……幸亏第二天柯师医生又来，说父亲臀部小疖动了手术，将毒汁清除，危险已过，可以不必去京，全家松了一口气"。[19]

患难见真情，由此事也可见张元济与柯师友情之深、柯师待人之诚。商务印书馆编辑孙毓修的女儿咯血，情况比较严重，他跑去找张元济帮忙，托他介绍柯师医生。张元济知道"病情颇急，立即陪孙至柯医家"。[20]在张元济、柯师20多年的交往中，这类救人急难的事情当还不少。柯师也很友好地把张元济介绍给自己的英国朋友，如组织上海菊花会的康太太、药行老板柯尔先生等。张元济喜爱花草树木，有点空闲就在园子里侍弄花木，张家的菊花就曾参加过1916年康太太组织的花展。[21]

张元济与柯师太福的公益活动

柯师太福出任中国红十字会医院的总医官，创办时疫医院，这些都是造福于民的公益事业。张元济能与柯师建立和保持良好的友谊，也正是基于二人的道义感和责任心，基于对社会公益事业的积极参与。

1920年3月18日，柯师太福转交了沈敦和、朱佩珍两人给张元济的一封信。沈、朱两位就是上海时疫医院的主要创办人，他们写信的目的是为医院的购地扩建而募集资金，并请张元济担任医院的董事。对于这样一件造福于民、积善行德的事张元济表示全力支持。他在来信上批注："柯君外人，尚复如此热心，重以二公提倡，自当追随，但元济才庸力薄，恐不足为二公之助。鄙意能多邀商界中德望素著者数（人）同任兹事，较有裨益。业已将此意面告柯君矣。"[22]有感于"二公之高谊与柯医之热心"，张元济欣然应允担任医院董事，并在募捐公函上签字。

张元济不仅自己积极支持时疫医院相关工作，还充分利用其社会影响和人脉资源，帮助筹集资金。1922年8月24日，他在致刘承干信

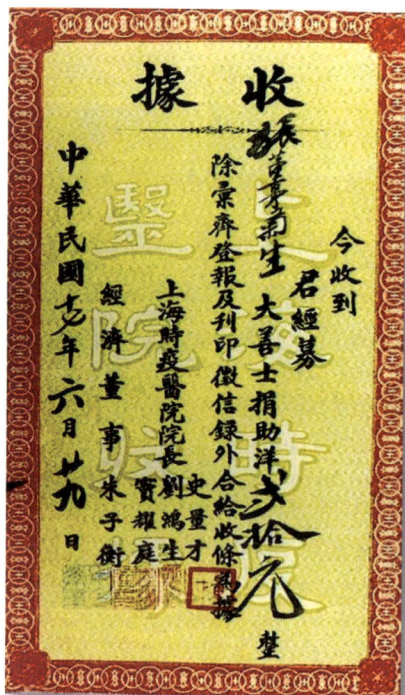

张元济向时疫医院捐款收据

中写道："今夏时疫盛行，柯医生所办医院救治不少。属为募捐，谨将捐册奉呈。倘蒙慨解仁囊，感同身受。"从8月27日张元济再致刘承干信可知，刘捐款银币20元。㉓而到该年10月1日，张元济写信给朱佩珍，因故辞去医院董事，并再次捐款50元。此后，虽然张元济不再担任董事之职，但一如既往关心和支持时疫医院。1923年6月9日，他再次向时疫医院捐银币20元，又代向商务印书馆募得50元。㉔

柯师太福配合张元济"为乐志华申冤"是1923年在上海滩有重要影响的一件事。这年2月，曾在张家帮过工的乐志华被租界巡捕房的包探（侦探）抓住，受到严酷拷打，被污为盗窃之罪。张元济得知后让商务印书馆法律顾问丁榕律师出面交涉。律师要包探拿出乐志华行窃证据，结果是一件也没有。开庭审理，因证据不足，当场宣告乐志华无罪释放。但他被殴打致伤，岂能就这样算了！张元济请柯师仔细验伤。1923年2月7日，柯师出具的验伤报告写道，"柯医生验伤报告1923年2月7日下午四时 本日曾检验乐志华君伤势，见其无人扶助则不能起立或行动。又有如下诸种损伤"，具体包括"（一）左眼之打扑伤；右耳及右手指节之小裂伤"；"（二）左右臂悬垂如链条"……"（六）右踝部浮肿且自空管溢出之血液"。列举出六种损伤后，柯师最后认定患者造成了严重的"震荡症"，"伤势严重，右足有坏疽之虞，且因右肾裂伤，发生尿血"，应该"速就医医院，即行治疗"。㉕（原文为英文，由张树年翻译）有了这份重要的伤情鉴定，张元济又发动宁波同乡会（乐志华为宁波人），经过种种艰苦努力，终于为其申冤，惩处凶手，并获得赔偿，赢得了官司。这可是在"国中之国"的租界替华人跟洋人包探打官司，实属不易。这里，柯师太福这位在上海声誉卓著的洋医生的验伤报告发挥了关键作用。

有柯师太福这样时相往还的友人，加之开放的眼界和不断的学习，张元济对于医疗卫生建立了现代观念。对中医中药他并无偏见，比如就曾告知朋友，说林纾曾经因小便不通，西医治疗没有好效果，后来改就中医，服用黄蓍而愈。1916年，丁泽周、谢观等人发起筹设上海中医学校，张元济应允，与张謇、虞和德、汤寿潜、朱佩珍、孟森等40人出任"名誉赞成员"。[26]但总体上看，张元济的朋友圈没有中医，自己及家人生病也都是到西医院就诊治疗。1910年出游欧美之时，他在4月20日经苏彝士（今译苏伊士）运河，抵塞得港时，颇有感慨，其间含有对中西医的比较：

> 苏彝士及波特塞得关医，皆埃及人。登舟检视，船长以下皆受命唯谨。埃及之不自主久矣，而检疫之事犹能以己国之人为之。何吾中华堂堂自主之国，而船舶入口检疫者率为白人。虽白人亦吾政府所雇，而外人之入境者，见关医无一华人，则以为吾中国之人皆不知医。其视我岂不与野蛮相若？事之可耻，孰有甚于此者耶。彼读仲景之论，习思邈之方者，果能登舟检验，与外人相周旋，固亦吾所甚愿。然试问能耶否耶？国于今日，必不能与世界大势相违。泰西医术以为世界所公认，吾国人亦未尝不知之。[27]（《环游谈荟》）

柯师太福最初来中国，担任的就是海关"关医"。张元济此番与之"偕行"，故对海关检疫特别留心。这里还提到中国古代名医张仲景、孙思邈，比之现代为世所公认的西方医术，其医理医方确乎难以适应新的要求。在此文后半部分，张元济大声呼吁加强新式"医学堂"的建设，大力培养现代医学人才。在张元济等人支持下，商务印书馆在公司内部也注重职工的医疗保健，建"病房"（职工医务室），设医生，雇看护人员。[28]1937年5月30日，张元济回家乡浙江海盐参加澉浦医院的开业典礼活动，日记中写道："余有演说，痛言西医医理、药物、器械之精，断（非）中医所及。应接受西方文明，图去病而强种。"[29]可见其医学健康观念的一以贯之。

1925 年 7 月，在中国度过了后半生的柯师太福病逝，葬于上海万国公墓。张元济亲笔撰写了《柯师太福医生墓志铭》，铭文曰："一千九百二十五年夏，病复作。七月二十四日果不起，享年五十有九。君无子，其妻某氏越日葬之于静安寺前万国公墓。余与君交最挚，宜为之铭。铭曰：四海之内皆兄弟，爱人如己勇为义，君今逝矣谁其继？心爱吾民，身埋吾地，公有乡邦，此为第二。谨诵公言，为公墓志。葬此者谁，英国柯师医士，铭之者其友海盐张元济。"[30]（《柯师太福医生墓志铭》，手稿）

柯师太福这位英国医学博士，在中国走完了他四分之一世纪的人生旅途，最后长眠于"第二故乡"的中国上海。而张元济与柯师的友情与交往，也已成为了 20 世纪中外文化科技交流的一段佳话。

（本文作者为华中师范大学教授）

注：

① 张珑：《张元济学英语》，原载《文汇报》，转引自"中国社会科学网"（WWW.CSSN.CN），2016 年 11 月 19 日。

② 池子华：《"和平使者"柯师》，载《中国红十字报》，2019 年 2 月 26 日。

③ 柳和城：《上海历史上的抗疫故事 1908：疫情中创办的时疫医院》，载《上海滩》2003 年第 7 期。

④ 张人凤、柳和城编著：《张元济年谱长编》（上卷），上海交通大学出版社 2011 年版，第 120 页。

⑤ 劳祖德整理：《郑孝胥日记》（二），中华书局 1993 年版，第 1023 页。

⑥ 劳祖德整理：《郑孝胥日记》（二），中华书局 1993 年版，第 1034 页。

⑦ 劳祖德整理：《郑孝胥日记》（二），中华书局 1993 年版，第 1059 页。

⑧ 张元济著：《张元济全集》（第 7 卷），商务印书馆 2008 年版，第 275 页。

⑨ 张人凤、柳和城编著:《张元济年谱长编》(上卷),上海交通大学出版社2011年版,第149页。

⑩ 张树年:《我的父亲张元济》,百花文艺出版社2006年版,第107—108页。

⑪ 张树年:《我的父亲张元济》,百花文艺出版社2006年版,第47页。

⑫ 张树年:《我的父亲张元济》,百花文艺出版社2006年版,第11页。

⑬ 张元济著:《张元济全集》(第7卷),商务印书馆2008年版,第46页。

⑭ 张元济著:《张元济全集》(第7卷),商务印书馆2008年版,第258页。

⑮ 张树年主编:《张元济年谱》,商务印书馆1991年版,第53页。

⑯ 王栻主编:《严复集》,中华书局1986年版,第553页。

⑰ 张仲民:《严复和熊季廉的"父子"之交》,载《史林》2013年第6期。

⑱ 茅盾:《商务印书馆编译所》,收入《商务印书馆九十年》,商务印书馆1987年版。

⑲ 张树年:《我的父亲张元济》,百花文艺出版社2006年版,第86页。

⑳ 张人凤、柳和城编著:《张元济年谱长编》(上卷),上海交通大学出版社2011年版,第275页。

㉑ 张树年:《我的父亲张元济》,百花文艺出版社2006年版,第51—55页。

㉒ 张元济著:《张元济全集》(第2卷),商务印书馆2008年版,第223页。

㉓ 张元济著:《张元济全集》(第1卷),商务印书馆2008年版,第426页。

㉔ 张元济著:《张元济全集》(第3卷),商务印书馆2008年版,第589页。

㉕ 张树年:《我的父亲张元济》,百花文艺出版社2006年版,第118—119页。

㉖ 张人凤、柳和城编著:《张元济年谱长编》(上卷),上海交通大学出版社2011年版,第447页。

㉗ 张人凤、柳和城编著:《张元济年谱长编》(上卷),上海交通大学出版社2011年版,第288—289页。

㉘ 张人凤、柳和城编著:《张元济年谱长编》(上卷),上海交通大学出版社2011年版,第381页。

㉙ 张元济著:《张元济全集》(第7卷),商务印书馆2008年版,第359页。

㉚ 张人凤、柳和城编著:《张元济年谱长编》(上卷),上海交通大学出版社2011年版,第714页。

郝铭鉴谈《咬文嚼字》（上）

郝铭鉴　口述　林丽成　采访整理

有内容、有格调、有气场的小刊物

　　今天我们谈《咬文嚼字》，这个刊物的特点，人家一眼就看出来，小，创刊的时候是 32 开，到现在还是普通 32 开，从 48 面增加到 64 面，增加了半个印张，整个刊物在形式上是非常简陋的。有时候，我跟人家介绍，这是一本简陋得有点寒酸的小刊物。就是这样一本小刊物，引起的社会关注却不小。吕叔湘先生，曾经的国家语言文字委员会主任，语文界的泰斗，第一次拿到这本刊物，他非常高兴地说，这就是我想办的

吕叔湘

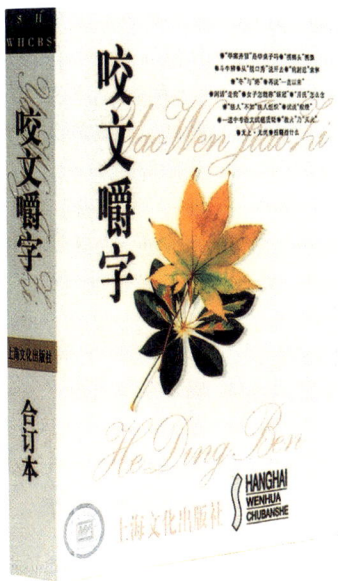

《咬文嚼字》合订本

一本刊物。全国人民代表大会常务委员会副委员长许嘉璐，在一个会议上对记者说，上海的这本《咬文嚼字》，可以总结为"三小三大"：小刊物大眼光，小角度大视野，小文章大手笔。以许嘉璐那么高的身份，如此评价《咬文嚼字》，是出乎我意料的。我们上海的老市长汪道涵①，一直关心这本刊物，每年合订本还没出来，他就打电话问出了没有，不要忘了送我一本。所以他每次会让人到我这里拿一本给他，非常认真地看这本刊物。有一次他住在瑞金医院，就打电话给我，问能不能抽个时间来聊聊《咬文嚼字》，我一听受宠若惊，一个老市长找我谈这么一个小刊物，我说现在有空、马上过去。我到瑞金医院，与汪老谈了整整半天。我没有想到老市长那么认真，不但看了《咬文嚼字》，还看了其他语言文字类书籍，还准备了很多关于语言文字的问题。

　　我现在觉得自己是很粗糙的一个人，当时的谈话记录不知道放在哪儿了。记得他有一句话，"你们现在做的是纠正一字一词的错误，实际上是在维护社会的文化大厦"。这个评价我觉得太高了，这是我们老市长对这个刊物的评价，那么小的刊物，那么简陋的刊物，但是得到的社会评价很高。

为什么能有这样一个评价？我也一直在想，回过头来看这本小刊物，我认为这本小刊物和一般的刊物不太一样。

怎么评价这本刊物，我总结了三句话。第一，这是一个有内容的刊物。什么叫作有内容？不是说一本刊物的版面排满了就是有内容。我们新时期的出版工作，如果认真思考分析一下，你会发觉很多刊物其实是没有内容或者是形式大于内容的。你看有些刊物印制非常精美，开本非常奇特，在这方面花了很多心思，有很高的技巧，甚至有些刊物每一页都精心设计，但是到底传递了多少有效的、有价值的信息，是经不起认真研究的。有些刊物，今天看了明天就可以丢掉，不会可惜的，丢掉以后不会觉得有一个东西没有了，不会再去寻找了，这就是形式大于内容，有一批这样的刊物。现在还有一个现象，标题大于内容。在某些书刊编辑中出现了一批"标题党"，那些标题做得非常"精致"，这方面下足了功夫，但一看内容空空如也，没有什么真正对我来说非常有用的东西。所以现在我们手机上面经常会上当，朋友圈发了一条"这个东西不看马上删掉，赶快去看"。其实没什么东西，都是在标题上下的功夫。还有一种我称为是文字大于内容，它的文字，看上去是鸡汤式的文字，非常煽情的，让你看了以后热泪盈眶的，看完以后想想，没讲什么东西，在我看来并不是真正有内容。还有一些纯粹要贫嘴，我们现在有很多网络语言的运用，很聪明，在语言上面有智慧，但从接受角度来说，不是真正有内容，它的价值还是有限的。为什么我们清理书刊时，一大批刊物直接丢掉，有的看上去非常好的刊物也不会可惜，就是因为没有内容。所以在我看来《咬文嚼字》之所以引起社会的关注，它的合订本可以长销不衰，就跟它的有内容有关。二十多年前的刊物，里面讲的东西，现在拿过来看还是觉得不过时。作为刊物的创办人、作为编辑记者，还是可以看这些文字，这就是有内容，这个内容跟社会的需求形成一种呼应。我过去谈过书态平衡，人们的精神需求和你出版的图书、刊物提供的内容，内在能够保持一致。《咬文嚼字》能够满足这样的需求，所以我首先定位这是一本有内容的刊物。

第二，我认为这是一本有格调的刊物。刊物要讲究一点格调的，不能被世俗牵着鼻子走，被金钱牵着鼻子走，被权力牵着鼻子走，因为这样的刊物太多了。世俗社会有很多低层次的需求、形而下的需求，如果我们办刊物的时候，有意识地去迎合这样的需要，你的刊物会越办越往下走，所以《咬文嚼字》从创办开始，我就跟我们的编辑同事说，我们永远要比读者跨前半步，不能多，你跨得太远的话，读者跟不上，他根本不理睬你，但是你如果在读者后面，对读者来说就没有任何意义。我们要跨前半步，做刊物一定要有这种意识，你是一个引导民众前进的刊物，引导社会前进的刊物，这是一种标准，不能被世俗牵着鼻子走，更不能被金钱牵着鼻子走。我们办刊物的过程中，有很多校长联系我们，说你有没有可能把它改造成一个教辅类的刊物，就用"咬文嚼字"四个字，如果你能够做，我可以包你多少万多少万，我们有一个校长联盟，那个地区我都可以给你包掉，经济效益肯定比你现在好。我也知道经济效益会比现在好，但刊物的格调就完全变了，不是我原来想要办的刊物。甚至有一家网络公司来找我，问能不能把所有的《咬文嚼字》文章给他来选编。我问怎么编法？他说我给你出丛书，一本一本地出，我用一个总的题目叫"趣你的咬文嚼字"。我问什么意思？他说"趣"是有趣的"趣"，就是非常好玩的咬文嚼字。应该说这家网络公司还是有想法的，但我是几天睡不着觉，就在想能不能叫这个名字，最后我拒绝了。表面是"趣你的"，实际是谐音"去你的"，不要理你的咬文嚼字，我觉得我不好接受，最后还是回掉了这家网络公司。我们是针对社会语文应用的一本刊物，不能被金钱牵着鼻子走，要有自己的定位、自己的格调，这个格调绝对不能降低。

办一本刊物还要有一点勇气，要敢于向权贵挑战，要不为名人辩护，他们如果有差错，不能因为他是名家、他是领导就网开一面。对这个问题，一开始就有人提醒过我："你办《咬文嚼字》，一定要注意，不要得罪很多人，如果你到处点名的话，我断定你这个刊物，三个月就要关门。"我说为什么？他说你这是四面树敌，交一个朋友不容易，树一个敌人很方便，如果你今天在这个刊物点了张三的名，明天点李四的名，三个月点下来，你的敌人就一大批，你的刊物就办不下去了。要不要点

郝铭鉴

名，当时成了我的一个心结。点还是不点？就这个问题，我问过吕叔湘
先生。我说这个刊物叫《咬文嚼字》，是否还是采取隐讳式的办法，某
年某月某报刊登了一篇文章，某某人曾经这样说，用这样的方法来咬文
嚼字，不直接点名。吕先生跟我说："你怎么这样想呢？我到医院去看
病，医生帮我开药，我能说医生是我的敌人吗？他在帮我治病。你这个
《咬文嚼字》就是给社会的语言文字混乱现象治病，你怎么连这点勇气
都没有？点名。"吕先生很明确地告诉我要点名。我们的第一期点谁呢？
要找一个人。最后决定点华君武，华君武的一幅漫画里面有错字。事前，
我非常恭敬地给华君武先生写了一封信，我说华先生我们现在要办这样
一本刊物，你能不能帮我们审一审稿子，就是某报纸刊登的一幅漫画，
因为刊物要点你的名，如果你觉得不能接受的话，我们就把它虚掉。

　　华君武非常热情地回了一封信，他说我经常会写错字的，有人帮
我指出的话，我非常高兴。他在回信里面表示，我绝不做不知悔改的错
别字派，你们大胆点名，完全不要有任何顾忌。有了华君武这么一句话，
我们从第一期开始就公开点名，而且作为一种传统。你要有勇气，不怕

得罪人，敢于挑战，实际上就是体现了刊物的格调。

　　第三，这是一个有气场的刊物。人有时候也要有气场，有的人到一个场合往那儿一坐，什么话都没说，但是大家感到他把全场镇住了，这就是一种气场。一个刊物，很小的刊物，能不能有这样的气场，我觉得这是一个挑战。《咬文嚼字》是有气场的刊物，因为它亮相登场以后，就"咬书""咬报""咬刊"一路"咬"过去，"咬"出了气场，让大家觉得这个刊物是非同一般的。有一次我们办咬文嚼字讲习所，有一家报社的编辑过来，给我讲起他们报社的一件事，他说我们老总经常在大会上说，你们给我认真一点，没有把握的东西千万不要随便乱用，《咬文嚼字》在后面盯着。这位领导想到《咬文嚼字》，说明社会上人家把这个刊物当一回事，一旦社会上发生了重大的语言文字事件，大家首先想到的是《咬文嚼字》怎么看，大家把你作为判断依据，你掌握了话语权。

　　有一次故宫送了一面锦旗，有人指出锦旗上面有错字，故宫则为

華君武在創作漫畫

自己辩护。我正好在外地出差，全国各个地方的电话打过来，到底错没错？有一家电台要现场连线，说我们在直播，你要告诉我们这到底是不是一个差错。社会上面觉得《咬文嚼字》代表着一种语文规范的力量。一个社会，文化总是会向两个方向发展，一方面是要规范，一方面存在着混乱，在这种博弈当中，《咬文嚼字》代表着一种规范的正能量，尽管它很小，但这个力量的存在，使社会博弈出现了双方拉锯战的局面，语言文字的混乱就不至于一直混乱下去。有时候我觉得很自豪，尽管我们是小刊物，秤砣虽小压千斤，在社会语文规范方面是有贡献的，确实像一些领导讲的，小刊物产生了大影响。

一场考试引出的刊物

《咬文嚼字》到底是怎么创办起来的？怎么会想到办这么一个刊物？这要从一场考试讲起。我是1985年进入上海文艺出版社新班子的②，当时的身份是副总编辑，分管文艺理论编辑室和文化编辑室③。我审稿是很认真的，审稿过程当中发现有文字差错，我都会认认真真标出来，

上海文艺出版社编辑与校对人员参加社里"错别字改正考试"（1992 年）

所以我这审稿还带了文字加工的任务，就会觉得文字怎么会这么粗糙。我是读师范的，从小就有做教师的愿望，但是阴差阳错没有当成教师。我这一辈子几次想当教师，初中毕业就提出考中等师范，当时理科成绩很好，学校说现在国家需要科技人才，你得去读理科班，全市十个理科班，当时陈毅市长办的十个理科班，普陀区有一个，让我去读那个理科班。读完以后，我还是要考师范，师范毕业以后，照理说我应该分到学校去，那时候正处在混乱当中，把我分到电力局去了。但我还是想做教师。那时出版局在中华印刷厂办了一个出版职校，我说愿意到那里去做教师，因为那里还有一个名额，结果到出版局报到以后，说那个学校就要停办了，你就留在人民出版社。但我做教师的梦一直没有放弃，总是想做老师。后来出版局搞青年编辑进修班，陈坤生在局里抓培训，就找我去做了老师。凡是有做老师的机会，我都想去做。

到了上海文艺出版社以后，看到书稿中总是有这么多的差错，就想我们能不能也培训培训，我自告奋勇做这个培训的老师。培训以后，我觉得总要看看培训的效果吧，来一场考试。那是 1992 年，我们搞了一场考试。

这个考试如果很简单，出几道题目让大家改改错别字的话，意思就不大，我这个人喜欢出一点花样。到底怎么来考试，一定要有示范的感觉。我想编辑面对的都是稿子，我就拿一篇稿子，这篇稿子里有差错，看你能不能发现差错。我自己设计了一份考卷，找了一篇散文《书市散记》，2000 字的文章里藏了 110 个差错，为什么不是 100 个呢？我怕有些编辑会猜，猜出来肯定是整数一百个，所以我有意多放 10 个，110 个差错，看你能改出多少个？④ 这份考卷除了我以外没有任何人知道，当时孙颙是社长，江曾培是总编辑。我说我们能不能全社来一场考试，考过一百分的人奖一本《辞海》，考过 80 分的人奖一本《现代汉语词典》，孙颙说好，就决定在我们全社搞一次考试，编辑校对全部参加。那天江曾培正在医院里面，也从医院赶来参加考试，孙颙带头说我参加考试。除我以外，因为我是出考卷的，负责巡视考场。我们真的是搞得像人家高考一样的，进了学校，每人一张台子，不准交头接耳，那时候没有手机，不会上百度查的。年龄最大的是白发苍苍的郑煌，人家是编审，资格很老的，也坐在那里。只要你是社里的编辑、校对，全部进场，110个人全部到场。那次考试气氛之好，社里拍了很多照片，我不知道这些照片在哪里了，后来搬家时，很多照片都处理了，其实很有历史价值。后来我保留了一份考卷，是金子信的，不知道怎么到我手上了，如果找得出来的话，可以给你们出版博物馆，也是一份资料，他得了94分，也算是高分，他是中国社会科学院文学研究所的研究生，是文学二室的室主任，水平很高的。

那次考试，我们社里面在60分以上的占到95%，这是考得很好的，100分以上有两个人，很多人都在80分以上，大家都拿到了《现代汉语词典》，都很高兴。我们事先有培训，考试时大家也是认真的，反映了文艺出版社职工的语言文字水平，只要认真，这个水平还是可以体现出来的。考完以后，郑煌跟我说，你真是绝了，怎么想出这么个办法考试，他觉得那个考卷对他来说也是一个考验，很有意思。

这份考卷在社会上很快传开了。当时《新闻出版报》驻上海记者叫张丽珍，她来找我，人家都说你们有一份很有趣的考卷，能不能给我看看。我拿了一份考卷给她，她当夜就传到北京，《新闻出版报》在报纸上全文刊登考卷，还配上评论，赞扬上海文艺出版社的这样一种业务培训方式。这个考卷就由上海传到全国了。用报纸毕竟不方便，很多人又打电话来问，你们还有没有考卷，让我们提供考卷。那时候，我们社里面规定，凡是考不及格的人要补考，我觉得这个考卷既然受大家欢迎，所以我又出了一份考卷，类似的，还是2000字，放了100个差错在里面。这份考卷，全国各地也都来要。我当时想，既然大家都要这个考卷，能不能索性把这个考卷印出来，我们编一份小报纸。我跟孙颙说了，孙颙说这个好，大家作为业务学习材料。那时候孙颙坐在这里，我坐在他后面。⑤ 我就自己设计版样，搞了四版，四开四版，出了一个小报，就叫《咬文嚼字》，当时是随便想的四个字，然后就作为内部学习资料发刊了。⑥ 第一期把《新闻出版报》的评论也登了上去。当时总署领导宋木文给我写了一封信，对我们社的做法表示肯定，我把他的信也发在上面，这份小报也寄了一份给宋木文。⑦

当时是作为业务交流的内部资料，就印了两千份，没想到上海其他出版社都来讨，而且很快就传到外地去了。所以第一期印两千份，第二期印到三千份，第三期印到四千份，还是不断有人来讨。这个就麻烦了，人家打电话、写信来讨，你要帮他寄去，所以印要费用，邮寄还要费用，压力很大，社里莫名其妙增加了一个负担。印到第五期时，就突破了五千份，我只好硬性规定，最多五千份，早来讨的人有，晚讨的人就没有了。大家都喜欢《咬文嚼字》这份小报纸，希望它公开出版，不是只出小报，这个事情对我触动很大，既然大家都来讨的话，是不是有可能让它由内部资料变成一个公开出版物呢？

我在编第七期的时候，看到吕叔湘先生有一个讲话，是在全国语文报刊协会上的一个讲话。他讲全国的语文报刊有两百多种，但这些语文报刊大致分为两类：一类是专门搞语文研究的，类似《中国语文》，学术性很强；还有一类是专门配合语文教学的，这类刊物特别多，它是随着语文教学的节奏来安排的，其中大量教辅刊物。吕先生说，现在恰恰是社会语言文字出现了混乱，这次混乱是空前的。过去的混乱，比如说新中国建立初期，都是写了错别字、语法不通，这些还是在局部范围内，而且主要是老干部没有接受过系统的语文学习。后来就在《人民日报》上连载语法修辞讲话，《人民日报》还为此专门发了社论《正确地使用祖国的语言，为语言的纯洁和健康而斗争！》。第二次，"文化大革命"当中，是文风出现了混乱，语言非常贫乏，但非常粗暴，"就是好、就是好"，翻来覆去就是这么几句话，文风非常单调，特别是一些"把你打翻在地，再踏上一万只脚，让你永世不得翻身"，都是这种充满杀气的语言。"文革"一结束，这样的语言自然而然慢慢消失了。吕先生说，改革开放以后，语言文字的混乱可以说是越来越严重，越来越突出，不仅仅是有错别字，不仅是有词语错误、语法错误、逻辑错误，整个语言文字应用出现了前所未有的混乱现象，不仅仅是文化不高的普通老百姓会用错，连读书人、文化机关都出现了差错。现在这些书本、报纸、刊物，还有哪一家没有差错！文汇报的陈虞孙先生曾经发了一篇文章，叫

郝铭鉴（中）到日本考察学习

作《现代的出版界已经没有一块净土》，全都是有差错的。我看了吕先生说的这个话，好像就是呼吁有没有谁敢于挺身而出，办一本面向社会语文应用的刊物。我看到这个报告以后怦然心动，自己正在发愁印这个内部小报，成本越来越高，社里开始很支持，到后来觉得是很大的负担，又要编，又要印，还要花钱邮寄，每天邮发的资料就一大堆，觉得负担太重。电光火石间我脑子闪过一个念头，出刊物，这本刊物肯定有市场。我马上把要做刊物的想法跟孙颙说了，那是 1994 年。他说文艺出版社，主要分工是出文艺图书的，但现在社会有需要，你有兴趣，你就想一想怎么个搞法。他还是很开放很宽容的。当时社里面没有人专门搞这件事，我跟孙颙说，如果一时找不到编辑，我自己干。我就开始策划搞《咬文嚼字》。这便是这个刊物的背景：一场考试引起大家对语言文字的关注，然后吕叔湘的讲话对我有一个很大的触动，我就开始酝酿要出这么一个刊物。

刊名、发刊词设计亮相

正式进入策划刊物的阶段，碰到的难题还是很多的，并不像我想象得那么简单。第一个，这个刊物到底能不能用"咬文嚼字"这个名字，我当时主张用这个名字，但听到一片反对的声音。大家觉得你内部资料随便用用没有关系，公开用不行。为什么？因为"咬文嚼字"是一个贬义词，意思不好，不能用。我就给吕先生写信，请他帮我的刊物题词，吕先生给我写的话，没有人会反对。出乎意料的是，吕先生也不同意用"咬文嚼字"。他反对的理由倒不是贬义词，而是范围太窄，"咬文嚼字"的意思指向是文字，语文是一个大概念，不仅仅有字，还包括词、语法、逻辑、文风以及整篇文章的修改，如果限定在字的范围，这个范围太小，作为刊名不合适。吕先生说，如果你改一个名字，我来给你题这个刊名。我就问吕先生改什么呢？他给我说了四个字：说字评文。他说既有字又有文，这个范围大，你将来的用武之地可以非常开阔。我知道吕先生的话是有道理的，而且是一片好心，帮我想了这么妥帖的一个点子。"说字评文""咬文嚼字"，到底用哪一个？我把能找得到的全国的语文报刊都找来，发现我们刊物的取名实在太单调了，全国二百多种语文报刊，大量的刊名都有语文两个字，某某语文，我就想避开这么一个套路，要稍微有一点个性，不要跟人家太一样。

"咬文嚼字"到底能不能用？我觉得问题不大，成语是有一个变化过程的。中国人对文字一向是很敬畏的，文章千古事，不能随随便便地遣词造句，读书人在写文章的时候，字斟句酌，所谓"两句三年得，一吟双泪流"，写两句诗要想三年，一个字一个字地在那儿推敲，这种咬文嚼字就是好的。但是社会发展到今天，根本没有人会为了两句诗想它三年，现在的作家写文章快得不得了，写完以后自己都不看的，非常粗糙地交到出版社来了，在这种背景下，咬文嚼字就成了一种非常可贵的文化精神。

此外，用"咬文嚼字"做刊名，也说明我办刊物的风格。人家讽刺你在咬文嚼字，我就是咬文嚼字，这是一种自嘲，敢于自嘲，正是一种自信心的表现。以"咬文嚼字"为刊物名称，恰恰表示了编者的信心。外国有一个漫画刊物叫作《鳄鱼》，鳄鱼这个形象不太好的，中国有《大灰狼》，大灰狼的形象也不太好，照样可以作为刊名，贬义词作为刊名有先例，何况咬文嚼字也不完全是贬义的。至于范围的大小，我对吕先生说，那是编刊人自己的定位，不必受名称限制的。《咬文嚼字》的"文"，我可以有自己的解释，可以是文章，还可以是文化，我的范围可以扩大。王元化先生后来给我们刊物的题词，就把它解释成文化，我觉得这个也没问题。

为什么我坚持用"咬文嚼字"，还因为这是一个成熟的组合，它不是临时拼起来的，"说字评文"是临时拼起来的，读者看到这四个字，还要在记忆上面下一点功夫，不下功夫可能忘掉，"咬文嚼字"一看到就记住了，不需要专门去记，而这四个字又是已出版的刊物中从来没有的，有它的独特性，刊物的个性可以通过刊名反映出来。最后我下定决心，就用"咬文嚼字"。但我怕吕先生不高兴，所以我专门跑到北京，给他做了一次解释，再问了他一些创刊的事情。他说你要办这样的刊物，我支持你。那次他是在家里睡觉，我到了以后，他颤巍巍地从房间走出来，跟我谈了将近两个小时。刊名的问题解决了，对我来说是一件大事，定下来就叫《咬文嚼字》。

接下来，发刊词谁来写？自己写一个发刊词也是可以的，但是没有号召力。我想找一个有号召力的，找谁呢？找一个官员也可以的，但是我不想找官员做创刊号，一开始就应该打向市场。我想到许嘉璐先生，

许先生原是北京师范大学的校长，刚做国家语委主任，我决定创刊的时候，跟他还没有任何联系，根本不认识他，也不知道我写信给他的话，他能不能收到。那个时候是 1994 年 9 月份。1995 年 1 月份准备创刊，1994 年 9 月份发刊词还没有，我就赶快给许先生写了一封信，告诉他，我准备创办这样一个刊物，你能不能给我写一个发刊词，我把

许嘉璐

刊物的性质和我的设想都告诉了他。我当时也做了两手准备，万一不行，我准备请上海的罗竹风写，后来罗竹风也写了一篇，我用在了第二期。结果许先生的热情出乎我的意料，他收到信后，自己给我打来电话，告诉我，这个事情不是你的事，是我的事，我是国家语委主任，有人来办这么一个刊物，是在帮我做事，我当然有责任写这个发刊词。他说，马上是国庆节了，我其他什么事情都推掉，就给你写发刊词。我听了很感动。他利用国庆休假给我写了《咬文嚼字》的发刊词，一过完国庆，我马上收到了，第二件事情许嘉璐先生帮我解决了。

最难的事情是什么呢？就是创刊以后，这么小的刊物能不能引起社会的关注，刊物到底怎么"亮相"，对我来说这个难度很大。当时全国有八千多种刊物，而且格局已经固定了，大家站好自己的位置了，突然这么一个"小不点"挤进来，谈何容易！我觉得按照常规路子来宣告一个新的刊物问世，肯定没有影响，谁也不会去注意，所以不能走这条路。那时候天天在想怎么来亮相。当时收音机还很多，听到收音机里面唱京戏，让我获得了一个灵感，唱戏的经常是在幕后叫板，演员还没有出场，先在后面高叫一声，叫的目的是什么？就是让剧场里面全场肃静，本来大家在那里交头接耳地交谈，锣鼓点一敲，后台喊一嗓子，全场就静了下来，等待演员出场。我能不能也来个先叫板呢？刊物没出先叫板，告诉整个社会，有一本刊物马上要出来了。但是你这个叫板要让人家听得见，该怎么个叫法？所以就想到了"向我开炮"，这是电影《英雄儿女》里面王成的台词，尽人皆知，我能不能借用一下？既然我编的是《咬文嚼字》，我让人家向我开炮，跟刊物的性格也是一致的，而且我估计对社会读者会有吸引力的。

这个点子想好以后，我自己也激动了好几天。我觉得，这个点子很好，但接下来就担心钱了，"向我开炮"要有奖金的，我们当时钱不多，连做广告的费用都没有。当时社会上已经有人在做有奖查错，查到一个差错 10 元钱，没有吸引力。如果我定为查到一个差错 100 元，是人家的十倍，吸引力好像也不够大。后来就决定查到封面标题的差错，一个差错 1000 元钱，就叫"一字千金"，这个广告好打。我估计花不了多少，但是也担心超标，超标的话，社里会有意见。所以在创刊号上，我要尽量做到一个差错也没有，翻来覆去地校正，你们去查吧，根本查不到差错。刊物付印前，我改变了主意。为什么？搞一个活动，如果一个差错都查不到，读者会觉得非常没趣，会觉得很失落，从社会新闻点来说，报道你办了一个没有差错的刊物，表扬你一下，也没有新闻感，新闻性不强。一定要让读者找到差错，让他拿到 1000 元奖金，这样才有新闻性。所以我必须有差错，但这个差错还不能让自己很坍台，否则你还办什么《咬文嚼字》！打铁需要自身硬，你自身都不硬，还怎么出来咬人家？而这个差错还得要有一个理由为自己辩解。我想到了什么？就是刊名"咬文嚼字"，我读"咬文嚼（jiao）字"，但我听到很多人读"咬文嚼（jue）字"，这个字的读音本身就是一个知识点，按照规范读音是"咬文嚼（jiao）字"，但是很多人习惯读咬文嚼（jue）字，我就请美编在封面上把拼音按照"咬文嚼（jue）字"设计，看谁能够发现这个封面的差错。这是我自己故意设置的一个差错。

我开了一个记者招待会，说是现在有一个刊物即将亮相了，谁能

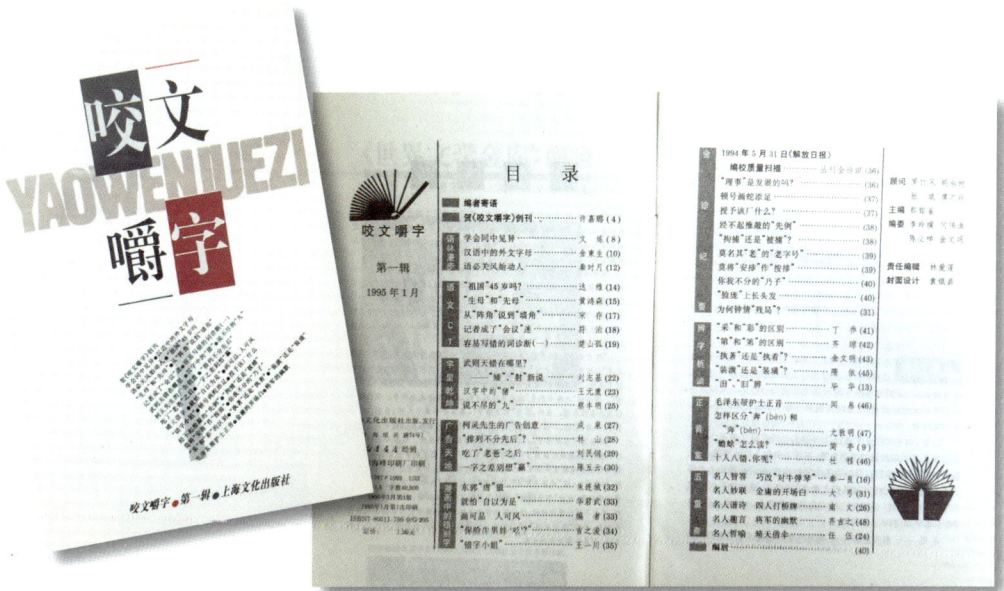

《咬文嚼字》创刊号与创刊号目录

找到一个差错就有 1000 元钱，这在当时是大新闻。消息出去以后，没想到全国的报纸那么热情，后来我们统计过，全国有几百家报纸帮我们做广告，只要你找到一个差错就能拿到 1000 元的广告。这个刊物在短短几天之内就传开了，大家都知道《咬文嚼字》了。就是这么一个活动，使得刊物的知名度迅速提高，当初我们设计的"亮相"还是成功的。

接下来，我马上组织了一个专家讨论会，研讨这个"嚼"字到底怎么读。专家的意见认为应该是读 jue，因为"咬文嚼字"是一个成语，文读应该读 jue；但北京人习惯读 jiao，最后《普通话异读词审音表》把它审定为 jiao，这个读音到现在为止还是有争论的。在第二期还是第三期上，我们刊发了专家座谈会的意见。犯这么一个错误，对《咬文嚼字》来说，不但不失分，反而是加分的，通过组织专家座谈，大家觉得《咬文嚼字》是有学术含量的。

从刊名到发刊词，到整个亮相，《咬文嚼字》的创刊，如果不是有这些活动的话，出场是非常惨的。我告诉你，上海新华书店订货报了多少本？上海订货只有 55 本，全国的加在一起 500 本。实际上我们印了 2

万本，一销而空，再加印又一销而空，再加印，一本刊物能够加印，在当时就是罕见的了。我们这个创刊号是一印再印，可见引起了社会关注。

（本文口述者为上海文艺出版社原副社长、《咬文嚼字》创办人，

采访整理者为本馆研究馆员）

注：

① 汪道涵曾任上海市委书记。

② 1985年，上海文艺出版社领导班子换届，丁景唐为社长的老班子换届为孙颙为社长的新班子。

③ 文化编辑室是文化出版社的前身。

④ 1992年2月2日，本社在毗邻绍兴路七号办公楼的永嘉路小学课堂举行全体编辑、校对包括正副社长、正副总编在内共110人参加的错别字改正考试。……改出100处以上者三十八人，胡晓耕同志以107分获得第一。4月24日，本社为因故未参加第一次考试的同志举行了第二次考试，试卷题为《西山抒情》。（内部资料：《上海文艺出版社大事记》）

⑤ 本采访的工作地点，由郝铭鉴选定在绍兴路74号二楼、原上海文艺出版社的社领导办公室，当时孙颙和郝铭鉴的座位靠西墙列前后排。

⑥ 1992年4月1日，由上海文艺出版社编辑的内部小报《咬文嚼字》创刊，该报十六开四版，黑白印刷，该年度共出七期。（内部资料：《上海文艺出版社大事记》）

⑦ 1992年5月18日，新闻出版署署长宋木文致信郝铭鉴同志："铭鉴同志：大函及《咬文嚼字》创刊号均已收悉。谢谢！在出版社内部创办一份专门讲究用字遣句的小报，是很有意义之举，由此也可看出你们的眼光和魄力。提高编校质量对于提高出版物的整体质量有着重要的意义。你们下功于兹，这份用心必会结出硕果。请接受我的祝愿。即颂夏安。"（内部资料：《上海文艺出版社大事记》）

秦绿枝：报人生涯七十载

韦　泱

上海开埠以来，一直是我国文化大都市，尤其是新闻出版业，报馆、杂志社林立，雄居全国半壁江山之多。抗战胜利后，上海小报业曾一度十分繁荣。以笔名秦绿枝闻名的吴承惠先生，从 18 岁开始为报刊写稿，并先后在《世界晨报》《大报》《亦报》做编辑记者，后进入公私合营后的《新民报》（《新民晚报》前身），到 68 岁荣退。之后一直笔耕不辍，为报刊撰述。2019 年 12 月，吴承惠以 93 岁高龄谢世。临终这年，服务新闻出版业前后达七十多年的吴承惠出版了平生最后一部作品《师友追梦》。

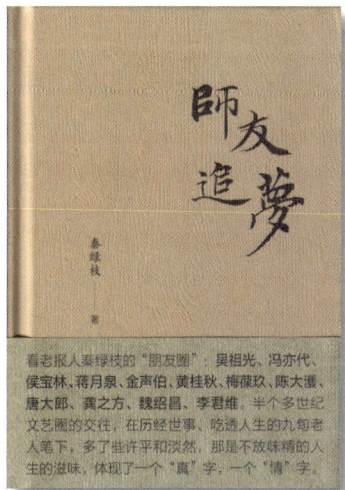

吴承惠最后一本专著
《师友追梦》

从业金融为吃饭

1926 年出生的吴承惠，不太愿意讲自己早年的金融经历，知我曾在银行工作，就破例谈开了。他说他最早做的是股票。太平洋战争爆发后，生活环境愈来愈艰难，父亲的生意颇多不顺，希望儿子早点工作，能减轻些家中负担。刚读高中的吴承惠，也没有心思读书，想着家中生活的窘境，胸中乱麻丛生。后经亲戚介绍，不满 17 岁的他，进了一家信托公司的证券部，从练习生做起，每天做两件事，上午做传票、报表，下午收市后做交换，即把客户买进卖出的股票，拿到交易所的窗口办交

73

割手续。因为是练习生，个头又小，常常被拖延到很晚才给办结，弄得他下班也不能准时，由此怨恨自己低人一等的练习生身份。虽然如此，但收入不低，吴承惠每月的工资都是父亲代领后，给他一些零花钱。而别的同事发了工资，就去跳舞打麻将下馆子。

吴承惠讨厌练习生这个称呼，此时对股票也懂了些，就和朋友吴毅堂一起，开始写写股票行情新闻，投给各家报馆。又有个盛姓邻居，在《世界晨报》做会计，因报纸销路不好，想法改进版面，就把吴承惠、吴毅堂介绍给报社老板冯亦代。他们商谈后决定，每期拿出半个版面，刊登股市新闻，吴毅堂表示只管写稿，采编之事就落到吴承惠身上，还给他印了记者名片，可以外出采访。这样一种合作形式，虽非报社正式编制，但18岁的吴承惠，一只脚踏在证券界，另一只脚已跨进了新闻界。

对此，他的父母不太支持，认为不是正当的职业。正在此时，《世界晨报》办了不到两年，终因经营惨淡而不得不停办。吴承惠失业了。家里两位在银行做事的父执之辈，做他的担保人，让他进了管理本市资金进出的上海市银行——不是国家大银行，属于地方政府的银行，类似现在的上海银行。他先被派往大世界第三办事处实习，后到提篮桥第五办事处工作，也是与报表、账簿打交道。虽然不喜欢这个工作，但为了吃饭，不违父命，他只能在这个岗位好好待着，业余时间才能动动笔杆，过过写稿瘾头。

小报生涯起步早

很快上海解放了。银行界开始实行公私合营继而合并。吴承惠负责留守，一边做着清理工作，一边无所事事地想着今后的出路。

正巧，遇到文友董乐山。董告诉他，上海办了一张新报纸，虽是小报，名称却叫《大报》。这张报纸是陈蝶衣办的，要请董去做记者，董刚辞去上海美国新闻处工作，准备去北京的新华通讯社，若吴承惠愿意去《大报》的话，他可推荐。吴一听，高兴地说"好呀"。董即与陈蝶衣一说，陈听说是冯亦代《世界晨报》的人，便一口允诺。1949年夏天，吴承惠进了新办的《大报》，正式成为新闻工作者。

不久后，上海又批准出版另一张小报《亦报》，由龚之方、唐大郎主持。此报作者的实力较强，如周作人、张爱玲、陶亢德、金性尧、许姬传、沈苇窗等，后来居上，影响大过《大报》，但总趋势是不太景气。两报开始商量合并之事，吴承惠作为《大报》代表，参加了商谈。后来在市委新闻处的协调下，1952年实行两报合并，《大报》停办，吴承惠与一部分人去了《亦报》。在报业公私合营中，《亦报》又并入《新民报》。冯亦代去了北京，陈蝶衣去了香港，龚之方去了《新观察》杂志，吴承惠与唐大郎等则进了《新民报》。

20世纪50年代中期，在赵超构的主持下，《新民报》开始改进新闻版面，加强了社会新闻的报道力度。吴承惠调任该部，写了不少有影响的专题报道，其中有一篇叫《她在转变中》，内容是周佛海的小老婆，在妇女教养所的帮助下改造思想，脱胎换骨，取得了显著进步。此文立意当然是想表达在新社会中，"旧人"也能变为"新人"。但是，由于人物特殊，引起不同的反响，被指责是"为娼妓唱赞歌"的黄色新闻。从此，吴承惠被错划"右派"，遭受二十多年的不公待遇，审查批斗，下放劳动，从梅山工地到金山石化，从事着与他的新闻写作毫不相干的苦役。

编辑小报期间的吴承惠

吴承惠24岁摄于锦江饭店花园

主持创办《艺术世界》

我在写作老期刊的史料时，得知吴承惠与《艺术世界》有关，便专门请他做了回顾。后来我整理成小文，呈他指正。我的题目是《吴承惠

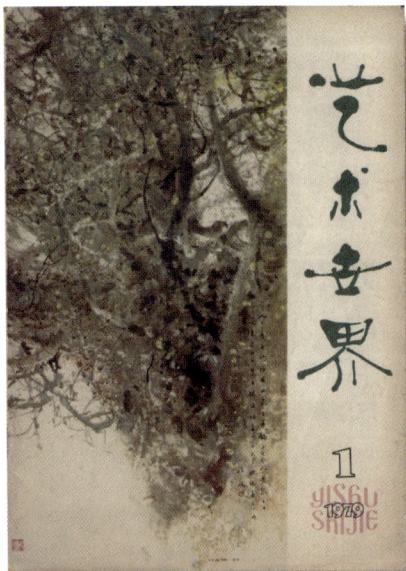

《艺术世界》创刊号（1979 年）

与〈艺术世界〉》，他拿起笔就把自己的名字圈掉，说太突出个人了，其实是大家一起弄的，加上了"回首当年"四个字。他一边改一边说"是武璀先提出办刊建议的"，又加上了江曾培的名字。

那时，已到上海金山石化厂的吴承惠，在报社老同事的帮助下，借调至上海文艺出版社戏曲编辑室。上海刚创办了两种风行一时的刊物，即《文化与生活》及《青年一代》，销路特别好，这"洛阳纸贵"的信息，让小小的戏曲编辑室的编辑们坐不住了。武璀提议戏曲编辑室来办一个艺术类刊物，得到室主任江曾培及编辑们的一致赞同，大家推举京剧票友吴承惠担纲主创牵头人。当年还没有主编、副主编一说，刊物也不挂编辑名字，大家说干就干。一本叫作《艺术世界》的刊物就开始筹备上马了。

编刊物，首先要有稿件可编。创刊伊始，白手起家，除了向上海的作者约稿，吴承惠与武璀决定北上求援，两人一起坐硬卧火车到北京组稿。在首都北京，他俩见到了许多经历"文革"而"劫后余生"的文艺界老朋友，如侯宝林、梅绍武、冯亦代、吴祖光、袁鹰、丁聪等，他们听说上海要办这样一种艺术刊物，表示出浓厚兴趣，承诺一定拿出自己满意的文章来支持上海办刊。

有了稿件，吴承惠心里踏实多了。刊名题写颇费了一番心思。他先请几个书法家书写，看来比去，总觉得过于中规中矩。后来，请广西画家李骆公试写，结果令人耳目一新，决定采用。这"艺术世界"刊名，写得新颖别致，富有艺术情趣，又请老艺术家穆一龙先生进行版式的装帧设计。1979 年 7 月，《艺术世界》第一期正式问世。十七八万册的印量一销而空，这可是编辑们始料未及的大好事。刊物没有创刊词之类的文字，吴承惠以"席边"署名撰文《在"艺海"中更好地"神游"》，作为打头文章。文后写道："祝愿《艺术世界》的创刊，促进大家在艺术的大千世界中更好地'神游'汲取思想教益和美的享受。"在"编后记"中又写道："这个丛刊，试图在艺术领域内，与读者们共同学习、鉴赏，做一点传播知识、扩大眼界、丰富社会主义文化艺术生活、提高艺术素养和欣赏水平的工作。"这谦逊、平实、低调的文辞，道出了刊物的办刊宗旨。

《艺术世界》第一期设"艺术欣赏""艺坛访问录""艺林今昔""戏曲史话""艺海漫游"等十多个栏目，作者更是名家荟萃，如曹禺、徐铸成、常书鸿、梅绍武、马国亮、俞振飞、华君武、黄永玉等。无论是名家还是普通作者，稿件面前一律平等，但艺术题材的文章，其文字本身应具有艺术性。由于内容丰富，文章可读性强，刊物很快赢得了读者的赞誉，第二期销量激增到 39 万多份。一本纯艺术的专业刊物，能在短期内得到广大读者的喜爱和认可，说明艺术园地荒芜已久，人们太需要艺术知识的普及了。许多老艺术家、老作家把他们"文革"复出后的第一篇文章，投寄给了《艺术世界》，这让他们难以忘怀。不少年轻作者，在刊物上多次发表稿件后，就越写越好，很快走上了记者或编辑岗位，有的成了卓有成就的专家。

当然，办刊也留下遗憾，如第一期中有高唐(唐大郎)的一组诗词《看戏杂咏》，诗句中排错一个字，没能及时校对出来。更令吴承惠感慨的是，当年不少德高望重的老作者，如今多已谢世。在第一期中刊发文章《万氏兄弟与〈大闹天宫〉》的姚芳藻是《文汇报》的老报人；还有刊过《带戏出场》的上海电影制片厂老编辑沈寂，他们都在近年去世了。

1981 年 6 月，正值《新民晚报》复刊，报社领导盼望吴承惠尽早

吴承惠（左）与黄裳　　　　　吴承惠（右）与沈寂

"归队",但他却因编辑《艺术世界》编出了感情,认为办刊物可以"慢工出细活"。而且年过五十,不太愿意挪动了。但终究拗不过报社的一再邀请,只得惜别已出至第八期的《艺术世界》,到九江路上的新民晚报社,开始《夜光杯》副刊的筹备工作。这一干,就干到了68岁,把部主任的接力棒传到严建平手中,"扶上马、带一程",看着年轻人干得出色,他更感欣慰。

之后,他就过起悠闲日子,看书、写作、听戏、会友等。笔耕依然不辍,先后出版了《戏迷说戏》《人生看戏》《保持真实的我》《海派商人黄楚九》等。

笑谈生死颇坦然

记得十年前4月的一天,适逢老作家欧阳文彬九十大寿,在北京西路的一家酒店小聚。席间,欧阳为我一一介绍她的老朋友、老同事,有张林岚、吴承惠、王建平、林伟平、蒋丽萍等,他们都是欧阳在《新民晚报》的老同事或小字辈。这是我第一次见到吴承惠先生。

近年来,想做一些新闻史料,自然就想到老报人张林岚和吴承惠,他俩是晚报德高望重的老报人。因为有了欧阳的这张"王牌",就没有敲不开的门。张林岚笔名"一张",听说我是欧阳介绍来的,自然热情有加。之后我写了《张林岚与〈漫画世界〉》,文章未及见报,张老却

吴承惠与本文作者

一病不起,倏然谢世。记得他跟我说过一句:"还可以找找'秦绿枝'。"我知道,这是吴承惠鼎鼎有名的笔名,便叩开了吴承惠的家门,掮出欧阳和一张两位大名,吴老对我就像老朋友一样热络了。

第一次聊天,谈的

都是他的报业生涯。而他给我留下深刻印象的，是他对自己步入老境的认知。他说："我老了无用了，离死不远了。"这个"死"字，他说来那么随意轻巧，我心头却是一沉。他说你不用怕，这条路人人要走的，只不过先走后走吧。我惊讶他的直率。他快速

吴承惠在家中书房

地说"让、退、休、止、亡"。我说吴老，你慢点讲。他就索性取过我的笔，又在一张小纸头上，快速写下一行字"老来五部曲"，然后一字一顿地把这五个字嘴上念一遍，手上写一遍，并一一解释给我听："年轻时血气方刚，样样要抢第一，争上游。现在老了，什么都要让出来了，什么都带不走。"停了停，他又说，"现在样样都要退一步，退一步海阔天空，从岗位上退下来，就晓得，自己已退到家里，做自己高兴做的事了，有约稿，就爬爬格子。再退一步就入土了。"五个字讲完，他轻松笑笑。这张小纸片，至今还留在我手边哪！

不忌讳地说着人生结局，像说别人的事情一样，且说得那么坦然。这对我来说，还是第一次。

2018年，新闻出版博物馆有"文化人书房"的拍摄项目，我建议主事者上官消波把吴承惠列入拍摄名单，那天约好时间上门，吴老十分配合，风趣地说："我如何拗造型，一切听你们摆布。"

这让我们甚为感动。不料，这次拍摄，竟成了他生命中最后一次在镜头前的"亮相"。不久，吴承惠因突患中风不省人事，昏迷半年，经抢救终无回天之力，走完了报人生涯的一生。

（本文作者为上海市作家协会理事）

记者总编张煦棠

潘　真

张煦棠

2019 年 12 月 9 日，《文汇报》原副主编张煦棠逝世。在上海新闻界，张煦棠属于稀有人物：做了半个多世纪的记者，写了一辈子新闻稿，即使当上总编辑依然亲自操刀撰"本报讯"，

即使离休以后依然怀着敏感的心和良知，忧国忧民忧新闻业的前途，热血沸腾起来还奋笔直抒胸臆……

　　2007 年，我开"文化人生"专栏（次年结集由上海文艺出版社推出同名书），写 20 位推动新时期上海文化发展的名家，把他列入采访名单。据熟悉他的朋友告知，说服这位老报人接受采访不是件容易的事。可我觉得，这样的一位前辈（新中国第一代记者），他丰富的人生阅历、他宝贵的办报经验，特别是他正直的品行、他对事业的执着，都是不可多得的财富，我们作为后辈不去了解、记录，不好好学习，岂不是莫大的浪费。

　　在张煦棠先生 80 岁生日前夕，我终于说服他接受我的专访。如今重温往事，不由得感慨万千。

第一次采访，就掂出记者职业的分量

1949 年 5 月，张煦棠考取杭州新闻学校。进校第一课，是一位革命老干部上的。第一句话是："我们人民的报纸就是从群众中来，到群众中去。"开学典礼上挂有直幅："一脚踢开无冕之王，全心全意为人民服务。"青年学生总觉得新闻记者高人一等，听了老革命的课才懂得新闻工作是为人民服务的。

第二年，他到解放军第三野战军第 24 军《火线报》任见习记者，从此进入一直向往的新闻业。第一次下部队，就访问一名师政委。对方见了他，说："噢，军报记者来了，我现在向军报记者汇报情况。"他开始掂出记者职业的分量，感受到责任，终生难忘。

第一篇新闻稿，是趴在床上写成的。因为一边写一边拉肚子，所以印象特别深。写的是部队在武夷山修路，如何保证大多数战士不生病。稿子受到了军政治部主任彭冰山（柏山）的表扬。后来，他到团里负责通联工作，评上过全军通联站典型。

1954 年，张煦棠转业到文汇报社，是报社第一个转业军人。从此以后，就把为人民服务的新闻事业当作奋斗一生的事业了。

"那时候当记者，没有电脑，只有两条腿、一支笔，多记，多用脑子思考。"说这话的时候，他面带自豪的微笑。为一篇两三千字的通讯，采访素材可以记满四个笔记本，他积累了一大堆封面上印着"工作手册"的笔记本，放满一整排书橱。可惜，后来报社搬家，这些珍贵的原始资料全部丢失了。

《文汇报》名记者是怎样炼成的

中共上海市委宣传部有位副部长曾在文汇报社说："《文汇报》创办时的 18 位记者个个都是名记者，今天的《文汇报》已经有了一二百位记者，但有几个是名记者？"

张煦棠是当年 18 位记者之一。名记者是怎样炼成的呢？

　　他刚入职时，文汇报社还是私营企业，记者外出采访低人一等。最早的工资单上，写着"见习编辑"拿"135个折实单位打九折"（最低工资，折实单位是新中国国民经济恢复时期实行的，以一定种类和数量的实物价格总额组成的保值计价单位）。他记得，总编辑徐铸成先生提出"人弃我取，人取我弃，人无我有，人有我精"的办报理念，要求文汇报人一定要有这样积极进取的独创精神。"我们采访部的18个记者，每时每刻都以此策励自己的行动，面对新闻界同行，丝毫不敢懈怠，思想处于高度紧张的状态之中，时时要为抓不到独家新闻而犯愁。抓到新闻了，又要为写不出好新闻而苦苦煎熬。我就常常为一个新闻标题、一则新闻导语写得不满意，撕了一张又一张稿纸。有一天，部主任唐海大着嗓门喝道：'怎么啦，我们采访部18个记者竟然写不出一则像样的新闻来？'我们一个个脸红耳赤。"

　　1957年4月，苏联领导人伏罗希洛夫访问上海，刘少奇主席来迎送。送别了伏老，少奇同志临上汽车前，一眼看到旁边的新华社女记者余辉音，便主动伸手，说："再见，再见。"余辉音一下愣在那里，旁边的同行见此情景一哄而上，争相与少奇同志握手，少奇同志一边握手一边说："这几天你们辛苦了！"第二天，《解放日报》记者为此专发了一则新闻，《文汇报》却没有。深深自责之余，参与采访的副主任全一毛提出，能不能设法补救？大家立刻议论纷纷，议出了一篇日记形式的"采访笔记"《刘少奇同志印象片段》，刊登在次日《文汇报》第一版。复旦大学新闻系教授邵嘉陵专门就此事，给北京《新闻实践》写了一篇反映上海新闻界友好竞争的文章，称赞《文汇报》"扳回一局"。

　　后来，上海市文化局局长陈虞孙调到《文汇报》主持笔政。陈虞孙学识修养很深，要求报纸编辑部"谈笑有鸿儒，往来无白丁"，要求报纸办得议论风生。为帮助编辑记者学文史，他办起学习班，请朱光潜先生讲美学，夏承焘先生讲词，荀慧生先生讲京剧，赵景深先生讲戏曲史……文教界名流的专题或无题座谈会更是一个接一个。编辑部里名家进进出出，报纸上则是各类问题讨论层出不穷，在上海乃至全国的学术界、教育界、文艺界引起热烈反响，大大活跃了学术空气，一扫"反右"

带来的压抑沉闷局面，报纸在知识分子中显示了魅力。中共中央专门为此发文件表扬，当时的《解放日报》总编辑说《文汇报》"又考了一个状元"。

在文汇报社，张煦棠的第一个老师、领导是人称"社会大学校长"的郑心永。"社会大学"当时堪称最有影响的副刊之一，吸引了一批中青年学者、教师。常常在傍晚时分，他跟郑心永赴大学宿舍区，在路边买只烘山芋吃了，跨进教授家门，等主人用完餐就约稿。他们也常常邀请作者来报社座谈，会后一起吃北京东路青年饭店订的"盖浇饭"。《文汇报》老报人与作者，就是这样一种亲密无间的关系。

中国作家协会曾经提倡作家与青年同志合作，写重大事件。"断肢再植成功"这桩具有国际影响的新闻，振奋了上海的作家。上海作协派出巴金、魏金枝、茹志鹃、施燕平来写这件大事。作家们比较了上海两大报有关此事的通讯报道，选择与《文汇报》合作。张煦棠应邀到作协，向作家们详尽介绍情况，又带他们去上海第六人民医院分头采访，然后分头写作，他写了 4500 字，最后由巴金修改、定稿。这就是刊载于 1963 年 9 月号《上海文学》上的报告文学《手》。这篇报告文学以后多次入选报告文学选集，日本还翻译出版了单行本。

1980 年，全国科协开全会，张煦棠奉命进京采访。一天，大会发言，他听钱学森大谈科学家要进入文艺殿堂，觉得很有意思，就想深入采访。按规定，会议记者不能贸然采访与会者。可他不管，从大会秘书处查到房间号，就去等在那里，一看到钱学森，马上跟进自报家门。正好《文汇报》刚发表过钱学森谈系统工程的文章，采访顺利进行，独家新闻见报后反响特别好。

把《新闻报》办成中国的《读卖新闻》

卸任《文汇报》副总编辑后，张煦棠被派去当《新闻报》总编辑，他提出要把《新闻报》办成"中国的《读卖新闻》"的豪言。

《新闻报》曾是与《申报》齐名的上海最老的报纸。1990 年 7 月

3日出版的第一期新的《新闻报》就"告读者",这是上海独有的经济报纸,也是华东地区、中国沿海开放地区的经济报纸,完全面向市场。报纸推出了全国第一个"证券市场"版面,挂出股票牌价,引起了国际轰动,外电报道说,在中国大陆消失40年的证券又回来了。当时的美国驻沪代总领事要访问新闻报社,在乍浦路租的办公室太破落了,只好借文汇报社新大楼的外宾接待室迎接美国客人。报社很快又办起"证券学习班",这个班被昵称为"黄埔一期",还真培养出了不少股评家呢!后来,又推出第一个"房地产市场""文化经济市场""期货市场"。小小一张报纸,拥有了四个大市场!报纸还连续推出三大典型人物报道,整版发表市经委关于国营、集体经济何去何从的调查报告,总编辑都配发"编者按"。那一阵,邮局里连一张破损的《新闻报》也被抢走了!

"那时候,的确有一种雄心壮志。"张煦棠回忆,"在《新闻报》的三年半,我'为所欲为',干得最开心了!报纸得到了长足的发展,

在上海市政协举行的纪念孙中山先生诞辰90周年
座谈会前,张煦棠(右)采访老同盟会会员樊震初先生

赢得了相当大的无形资产。"终于有一天，在上海市委召开的主要报纸总编辑季度座谈会上，朱镕基市长问："为什么《新闻报》总编没来？"《新闻报》从此进入市领导的视野。

1993 年，美国交响乐团来沪，在体育馆临时搭的台上演出。读者投书《新闻报》说，上海这么一个大都市，连个像样的音乐厅都没有。报社马上在浦东新区组织了一场座谈会，邀请黄贻钧、谭抒真、周小燕等音乐家出席，住在医院里的贺绿汀先生也写来条子表示关心。大热天，会议室里冷气开足，但会还是开得热气腾腾。在一张浦东地图上，新区管委会主任赵启正划了个范围，说一定要在这个地方造一座音乐厅。报纸整版报道了座谈会，总编辑又配发"编者按"。1995 年，东方艺术中心就立项了。这成了新闻报社最有成就感的事。

一个不会激动的人，怎么当得好记者？

在向科学文化进军的高潮中，记者中刮起一阵"记者是过渡职业"风，认为记者要么写报告文学、小说成为作家，要么去做官，写"本报讯"没出息。当时，张煦棠和几位同志发起成立了一个新闻采访写作科研小组，就抓住这个问题做文章。

他本人，则始终一门心思、孜孜不倦地写"本报讯"，当了"新闻官"后，在组织记者写好新闻的同时，从来没忘记自己是一个记者。1993 年，作为中国新闻代表团副团长去日本采访，65 岁的他 14 天写了 17 篇稿子，数万字。他是团里年龄最大的，也是写得最多的。

有趣的是，报告文学《手》发表近三十年后，在《文汇报》工作的一位作家向他透露："作协是有意培养你呢！你却不接'翎子'，一门心思写你的'本报讯'。"他笑答："记者就是记者，我这一辈子就献给党的新闻事业了。"

有年轻记者问："您做了那么多年的记者，跑过那么多的部门，您的代表作是什么？"他坦率回答："不知道。"工人出版社编《当代名记者与代表作》，他选了篇千余字的小通讯，附文《记者就是记者》，

张煦棠著《一个记者的足迹》和《一个记者的手记》书影

借题发挥一番。他觉得，一个记者不在于有什么响当当的"代表作"，而要无愧于自己所经历的时代，在于你留下什么样的足迹。所以，他把自己几十年新闻作品的集子命名为《一个记者的足迹》。

在家安度晚年，张煦棠的心还是那么年轻，那么容易激动，在《新闻记者》杂志发表《报业集团是中国报业发展的趋势吗》，在东方网发表《新闻转版与报纸文风》，观点鲜明、文字犀利。

"一个不会激动的人，怎么当得好记者？我不知多少次对踏上新闻工作岗位的青年人说过，干记者这一行，只为'养家糊口'而来，是决计干不好的。在新闻记者的眼里，太阳每天都是新的。记者是世界上一切职业中，使人年轻的职业。假使一个人不容易激动，对什么事情都冷漠无情，对好的事情你不激动，对坏的事情你也不激动，你这个人就不配做记者，你干脆就休息吧，你干别的事情去。

"社会责任心是记者最根本的一种东西。你要做出判断，觉得这个事情是好的，你就要去表扬它；这个事情不好，就要去批评它、揭露它，然后推动社会前进。当记者，最要紧的莫过于对新闻事业的热爱，真正做到执着那就非得是全身心的投入。真正的记者永远年轻。"

这番话，至今仍有现实意义。斯人已逝，思想永存。

（本文作者为作家、高级记者）

“我心中铭记夏公的一份情”

—— 丁景唐与夏衍的友谊

丁言昭

经过一番周折，我终于收到北京的快件，那是夏衍女儿沈宁寄来的，其中有一封信是1995年12月1日父亲丁景唐寄给沈宁老师的原件，里面详细讲了1950年6月他的腿突然不能行走，后在夏公的关怀之下得以痊愈之事。父亲生前从来没有与我说起过此事。

信如下：

《编辑学刊》编辑部
地址：上海市绍兴路5号
电话：4319929　电报挂号：5806

1995年12月1日
通讯处：200031
上海市永嘉路291弄71号

沈宁同志：

由李子云同志转交的信和稿酬60元均收到了。谢谢！

《编辑学刊》编辑部
地址：上海市绍兴路5号
电话：4319929　电报挂号：5806

(2)

敬礼！

丁景唐
1995年12月1日

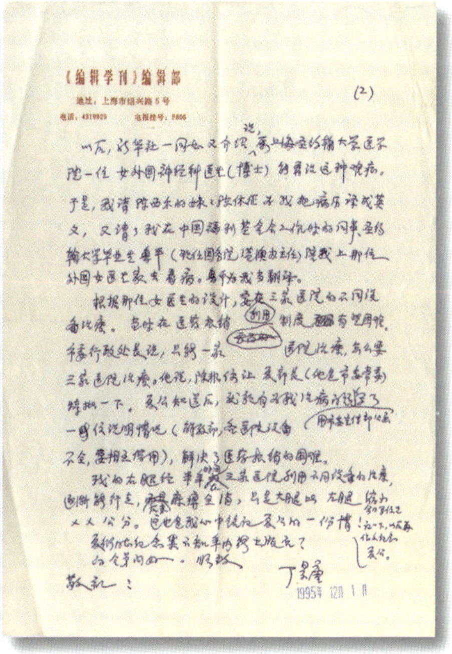

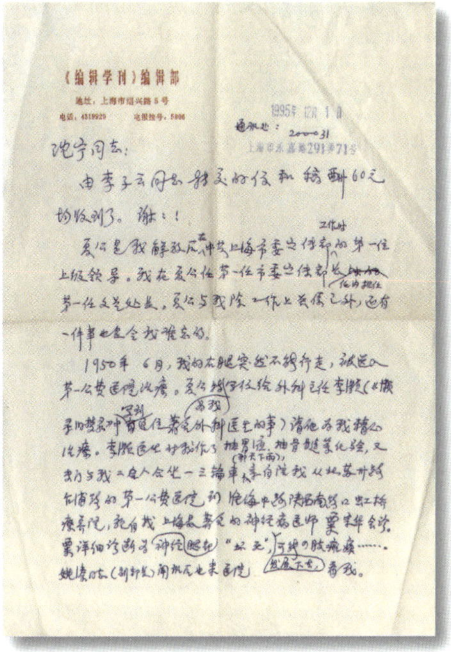

丁景唐给沈宁的信（1995年12月1日）

夏公是我解放后在中共上海市委宣传部工作时的第一位上级领导。我在夏公任第一任市委宣传部（部）长任内担任第一任文艺（处）处长。夏公与我除工作上关系之外，还有一件事也是令我难忘的。

1950年6月，我的右腿突然不能行走，被送入第一公费医院治疗。夏公特为我写信给外科主任李灏（《懒寻旧梦录》中写到这位著名外科医生的事），请他为我精心治疗。李灏医生对我作了抽胃液、抽骨髓等化验，又专门与我二人合坐一三轮车（那天下雨），亲自陪我从北苏州路乍浦路的第一公费医院到淮海中路陕西南路口虹桥疗养院，亲自找上海最著名的神经病医师粟宗华会诊。粟详细诊断为腿部神经"坏死"，发展下去，可能四肢瘫痪……姚溱同志（副部长）闻讯后也来医院看我。

以后，新华社一同志又介绍说，原上海圣约翰大学医学院一位女外国神经科医生（博士）能治这种难症。于是，我请陈西禾的妹妹陈休征为我把病历译成英文，又请了我在中国福利基金会工作时的同事、圣约翰大学毕业生鲁平（现任国务院港澳办主任）陪我上那位外国女医生家去看病。鲁平为我当翻译。

根据那位女医生的设计，要利用三家医院的不同设备治疗。当时在医药报销制度有些困难。市委行政处（处）长说，只能一家医院治疗，怎么要三家医院治疗。他说，除非你让夏部长（他是市委常委）特批一下。夏公知道后，就亲自为我治病问题用市委宣传部公函写了一信说明情况（解放初，各医院设备不全，要相互借用），解决了医药报销的困难。

我的右腿经半年时间在三家医院利用不同设备的治疗，逐渐能行走，后来麻痹全消，只是右腿比左腿缩小××公分（厘米）。

这封信使我想起平时父亲对我说的一些与夏公交往的事情。

夏衍是父亲20世纪50年代在上海市委宣传部工作时的上司。

1952年夏，父亲参加了夏衍主持的第一次文化考试。他记得，考试前只通知去听报告，到了考场才知道是文化考试。参加的人范围很小，仅限于上海科、处级文艺干部，大约一百人左右。考试题目包括政治、时事、文艺和少量的自然科学知识。采用的方式是问答题、是非题、填充题等。考试内容极广，包括共同纲领、上海市人民代表大会、七届二中全会、印度的首都和太阳系的九大行星以及鲁迅、郭沫若、茅盾的文学名著等。事后，父亲还去问过于伶，于伶记得还有米价和上海到北京的铁路长度，于伶夫人柏李补充道："还有古典文学知识。"

这次文化考试，父亲搞错了几道题目。一个人有时对某些错误的事记忆特别牢靠，至今记忆犹新。如印度的首都是新德里还是旧德里、太阳系有哪九大行星等，他只答出了八个行星名字。

夏衍考虑到参加考试者的"面子"问题，规定答卷一律不署名，测验结果只供领导参考，不公开成绩。但在事后发给大家一张正确答案，做到自己心中有数。

考试几天后，陈毅知道了，找夏衍谈话。陈毅认为：搞这样一次测验是好的，但是你们文化人办事就是小手小脚，要我来办，答卷上一定要署名，测验结果一定要公开。只有让他们丢一次脸，才能使他们知道自己的无知。陈毅还提出给水平不高的干部办补习班的主张。后因人力不够、工作紧张等原因，未能实现。

1954 年 6 月 30 日，夏衍在上海人民大舞台为第二次文艺干部文化考试做了动员报告。

这次考试的范围扩大为华东文化局直辖的在沪华东各文艺单位及上海市委宣传部领导上海市文化局的各直辖文艺单位。参加考试的有华东局宣传部和上海市委宣传部的文艺处、华东行政委员会文化局和上海文化局、解放日报社、人民广播电台、作家协会、文联、美协、音协、上海电影制片厂、新文艺出版社、华东人民美术出版社、新美术出版社、少年儿童出版社，还有上海人民艺术剧院、华东话剧团、华东实验歌剧团、上海乐团等 24 个单位 676 人。

7 月 7 日举行考试，分几处同时进行。考试内容有政治文艺常识测验题 30 道，包括政治、时事、历史、地理、中外古今文艺名著与作者。

类型有填充题、说明题、是非题三类，每题均得 5 分、3 分、2 分不等。如政治、时事类的有关日内瓦会议、周总理与印度总理尼赫鲁的会晤、法国组织新政府、印度支那三个国家、党的过渡时期总路线任务在农业方面的要求、社会主义社会与共产主义社会的分配原则、我国宪法的性质等；历史、地理方面的有王安石、李自成、我国人口总数、奠边府、危地马拉，还有劳动模范等；文艺方面的有敦煌莫高窟壁画、德沃夏克、《儒林外史》《兵车行》《三姐妹》《彷徨》《子夜》《向太阳》等。

这次考试的结果，有半数以上的人落选。但是夏衍说："我从来不悲观！"以后又说："现在我最担心的是全民文化素养问题，特别是从领导干部到基层干部的文化素养的问题，是提高全民文化素养的关键所在。"

1957 年底 1958 年初，父亲策划影印 20 世纪 30 年代文艺期刊，列入夏衍编的《艺术》《沙仑》，并由他写了影印本的说明，特地说到这些影印期刊的执笔人夏衍、周扬等人的贡献，并将"说明"征求周扬、夏衍的意见。

1958 年 11 月，父亲的《关于艺术剧社》是参考夏衍《难忘的 1930 年》写的。此文原附在瞿光熙编的《艺术剧社史料》，1959 年 1 月上海文艺出版社出版。1961 年春，刘厚生让父亲修改补充再寄给夏衍看后，重刊于《上海戏剧》。当年刘厚生担任中国戏剧家协会上海分会副主席、《上海戏剧》副主编。艺术剧社是中国共产党领导下的一个革命戏剧团体，它"第一次举起了无产阶级戏剧的旗帜，在舞台上进行了艺术的实践，而使无产阶级戏剧运动，不再是革命戏剧理论上的一个口号"，"首次自觉地要戏剧向工人群众开门，到工厂中为工人群众演出"。演出的剧目有《爱与死的搏斗》《西线无战事》等。

1960 年，父亲根据鲁迅纪念馆复制的一份左联盟员名单的照片，写就《关于参加左联成立大会的盟员名单》，托沈彭年去北京时带给夏衍，但夏衍没有来信。1961 年夏，父亲和于伶、章力挥等人到北京拜访夏衍。夏衍对此文提了一些意见，如"莞儿"即"俞怀"；潘漠华也参加左联成立大会，因政治关系，未发表其姓名；茅盾当时在日本，但征得其同意，也列名为发起人。父亲谈到上海文艺出版社计划要出版《中国现代文艺资料丛刊》等，此文可否在《丛刊》上发表？夏衍表示出版《丛刊》很好，文章当然也可以发表。

1961 年 10 月 27 日，方行给父亲写信，说他把此文给夏衍看了，提出关于盟员的变化，在第三类中，应该分类一下，即一部分是"消极退出"，不参加工作，也未做坏事，或多或少帮共产党做了一些工作，另一部分是真的卖身投靠，做了坏事。方行又提及，夏衍认为还是分一下类的好，否则对前一种人不大好。

夏衍的这些意见，父亲在文中作了补充，发表在 1962 年 5 月《中国现代文艺资料丛刊》第 1 辑。

1962 年，父亲写就《记日本译印的左联五烈士的纪念集——关于中国小说集〈阿 Q 正传〉》初稿，托孙家晋到北京人民文学出版社谈工作时，带交夏衍审阅，并说上海最近编了一本《中国现代文艺资料丛刊》，等第一辑出版后，送他指教。夏衍看后，来信讲要借父亲在文中提到的尾崎秀实狱中遗书《爱情像星星一样》和那本日译左联五烈士纪念集（即《阿 Q 正传》），想写回忆文章。父亲就向上海图书馆、鲁迅纪念馆借了寄去。后来，夏衍书退还，文章未写。

1961 年冬，上海市青年京昆剧团拟去香港演出，原来是派父亲带队的，但因为《辞海》征求意见要去外地，改由刘厚生带队。有一次，刘厚生、父亲和上海戏曲学校的负责人一起去夏衍那里汇报赴港演出剧目时，父亲顺便问起关于 1936 年两个口号论争，中国文艺家协会和中国文艺工作者协会的名单上，为何没有他与周扬、冯雪峰的名字。夏衍说，当时他们都很"红"，不好出面，两个口号是冯雪峰提的。

1963 年春，上海少年儿童出版社有一本夏懿译的《文件》，父亲写信问夏衍是否其笔名，如是，寄他稿费。还问他"突如"是否他的笔名，他说前者不是，后者是的。

父亲还热心收集夏衍的著作，编书目，为夏衍翻译高尔基《母亲》征求版本目录，从老朋友田钟洛（袁鹰）、姜德明处，征得夏衍用笔名"黄似"写的《教子篇补》手稿一篇。

时间过得很快，1992 年的冬天，八十余岁高龄的人民教师陶赢孙女士受陶晶孙夫人弥丽和三位侄儿的委托，在两位小辈的扶持下，由京来沪，约父亲为创造社早期成员陶晶孙先生编选一本文学作品选集。陶女士自我介绍说，她是经夏衍同志、吴朗西及夫人柳静介绍来的。夏公曾是她早年就读上海立达学院时教物理的老师，柳静女士是她立达学院的同窗好友。

听了陶女士的一番话后，父亲欣然同意，感谢夏公和陶先生亲人们对他的信任和期望，并表示将竭尽全力，共同合作，做好编选工作。

与夏衍的多年交往，父亲了解他为增进中日人民友谊和文化交流方面做出的贡献，同时也知道夏公20世纪80年代接见陶晶孙在日本的三个儿子棣土、访资和易王，并为陶晶孙受潘汉年的领导、留在上海沦陷区从事秘密工作的历史作过证明。

父亲把编选《陶晶孙选集》当作一种社会责任，以期望清除多年来涂抹在陶晶孙身上的污垢，纠正某些讹传的史实，还陶晶孙在文学史上应有的地位，让他的作品供读者和学者做公正的评价。

编选工作是在陶先生的亲人们帮助下完成的，特别是得到陶晶孙弟弟陶乃煌的鼎力相助。陶乃煌与父亲同辈，毕业于上海同济大学医学院，在校时参加革命，离休前任南京部队总医院副院长，20世纪三四十年代，曾帮助其兄陶晶孙校阅书稿。

陶乃煌负责陶晶孙日文作品的翻译并参与编选。那段时期，他经

丁景唐（左）、陶乃煌整理陶晶孙出版编辑的杂志书籍（1993年）

常从南京来沪，与父亲商量如何编好这本书，帮他解答陶晶孙作品中夹杂的日文、德文疑难。他们一起走访陶晶孙的旧居、执教的东南医学院等处，还常与人民文学出版社、上海师范大学图书馆的朋友们切磋研商。

当编选工作快完成时，陶先生的亲人和出版社的同仁一致向父亲提出，是否请夏公写序，其实，这也正是父亲的心愿。但是，夏公生于1900年，此时已94岁高龄，而且体弱多病，不时住进医院，他能亲自动笔写吗？父亲心中无数，不过想起陶先生亲人们的嘱托，他还是写了封恳切的信，向老人申述了众人的愿望，同时又整理了一份供夏公撰写序文的参考材料。父亲曾在夏公领导下工作过，深知他最不愿意由他口述、别人记录的。

1994年4月间，父亲将信和材料用快件邮寄北京以后，天天在家中注意报上有关夏公的病情和信息，并托在京的朋友与夏公女儿沈宁和秘书林缦保持联系，尽管心里着急，但又不能催问，只好耐心等待。

1994年10月，父亲和母亲王汉玉、我，到江西景德镇的四女言穗家休养。有一天在晚间新闻联播中看到庆贺夏公九十四诞辰的镜头，只见他坐在轮椅上，手捧鲜花，精神尚佳，父亲心中默默地遥祝夏公健康长寿，另外暗想，他的序文恐怕已写好了。

回沪后，父亲的猜想果然应验，收到北京寄来的夏公序文，落款的日期为1994年11月，熟悉的签名，还是那样遒劲有力。

夏公在序文中充分肯定了陶晶孙"一生热爱祖国、热爱人民，为夺取抗日战争的胜利，以及在增进中日两国人民的友谊方面，默默地做出了可贵的贡献"，还提到陶晶孙自1929年1月回国后，在潘汉年等同志引导下，热忱地投入党领导的左翼文化运动的历史。他再次以历史责任感，为陶晶孙蒙受不白之冤的一段历史作证。正如夏公所说，"过去的传言，已经造成了'先入为主'的不良影响"。让我们来看看他如何讲：

抗日战争爆发后，陶晶孙和他的夫人陶弥丽（郭沫若夫人安娜的妹妹）留在上海。我和潘汉年同船离沪南下香港，潘曾告诉我，他们的人都做了安排，陶晶孙留下来，因为他长期留学日本，与日本文艺界有广泛的交往，让陶隐蔽下来，为我们做些工作。由于这是党的秘密，所以外界都不知道。有人随便说他是"汉奸"，使他蒙受不白之冤。事实上，他和左翼女诗人关露一样，他的行动是受潘汉年领导的。

1995年5月25日日本笔会访华代表团团长、日本笔会会长尾崎秀树访沪，他是1944年被害的日本反法西斯战士尾崎秀实的弟弟。尾崎秀树与父亲会面时，父亲将刚收到的样书《陶晶孙选集》赠送给他。他手捧着夏公作序的《陶晶孙选集》，激动地说，夏衍、陶晶孙都是他哥哥的好朋友。他还说，他在北京时去夏衍故居，在夏衍遗像前献上一束花，表达代表团对夏公的敬意。

1995年7月，父亲到北京，在沈宁、沈丹华陪同下，访问夏衍故居，那次，父亲的老朋友袁鹰也同去，拍了张合影照。

自左至右：沈宁、袁鹰、丁景唐、沈丹华，在夏衍故居前合影（1995年）

最后，我想用父亲信中的一句话来结束此文，他说这件事"是我心中铭记夏公的一份情"！

（本文作者为丁景唐之女）

范泉与《文化老人话人生》

江曾培

　　范泉是一位卓越的编辑家，他在读高中、大学时，就参与校刊编辑工作，毕业后一直投身出版事业，曾在《作品》《文艺》与《文汇报》《星岛日报》等多家报刊任职，其中最具影响的是主编《文艺春秋》，从 1944 年 10 月创刊到 1949 年 4 月终刊，这本杂志前后出版 44 期，是 20 世纪 40 年代上海乃至整个国统区持续时间最长、联系当时国统区绝大部分进步作家的一个文艺刊物。中华人民共和国成立后，范泉历任上海永祥印书馆编辑部主任、新闻出版印刷学校分校副校长。1957 年，范泉被错划为"右派"，发往青海劳改，70 年代末得到平反。1986 年冬，70 岁的范泉从青海调回上海，任上海书店编审，由于想补回被糟蹋了

范　泉

的宝贵时间，他不顾年迈，以"赶快做"的态度，毅然担负起组织编纂《中国近代文学大系》的重任。此书选收 1840 年鸦片战争到 1919 年五四运动八十年间的文学作品，面对浩如烟海、良莠不齐的近代文学资料，范泉组织专家学者分门别类地搜集、烛隐、筛选、点校、笺释，并撰写导言和作者小传。该工程浩大，历时数年方得以完成。全书计 2000 余万字、30 个分册，可谓皇皇巨著，出版后获得国家图书奖的荣誉奖。

我对这位文学出版界前辈仰慕已久，实际接触则始于 20 世纪 90 年代初。其时，我任上海文艺出版社总编辑，范泉先生向我社孙为同志提出一个选题建议，编一部《文化老人话人生》的书。范泉认为，已经出版的书，写青年的多，写少年儿童也不少，却少有让老年人唱主角的。老一辈的文化人，在漫长的岁月里，创造了许多优秀成果，拥有丰富的人生体验，让他们回顾一下在崎岖人生道路上从童年走向老年的经验体会，抒发一下对于人生——特别是到了人生最后历程老年阶段的理解和看法，则是一笔宝贵的精神财富。

我们觉得，这是一个富有创造性的选题。我国正日益老龄化，老年人越来越多，有关老年人的书，出版界虽也开始注意出版，但多属保健养生类读物，重点"话人生"的很少，由一批杰出的文化老人集中起

拜访蔡尚思合影（自左至右：孙为、蔡尚思、范泉，1991 年冬）

来"话人生",更是前所未有。这些文化精英,通过现身说法,讲述自己的人生经验、体会、感悟,定会成为一部人生宝鉴。它不仅可供老人借鉴,更好地走完人生最后的一段路程,而且对踏上人生之旅不久的青少年们,也将是一种很好的引导与启迪。出版社当即把它列为重点选题,约请范泉先生担任主编。

范泉接任后,立即抓紧工作。当时,他已75岁,为上海书店编纂的《中国近代文学大系》的工作还没有完工,担子很重,然而,为了尽可能弥补已经损失掉的许多宝贵年华,他要凭借改革开放的大好形势,尽量多做一些,再多做一些。他挤出时间,迅速拟定了一份组稿名单,约100人,年龄为70岁左右到110岁,均为我国各领域的著名人士,其中有作家、科学家、戏剧家、翻译家、音乐家、书画家、学术理论家、表演艺术家和新闻出版家。这些文化名人大多仍很忙,限时请他们作文并不容易。还有些人年老多病,已难以执笔。范泉在新中国成立前后的编辑工作中,与他们大多有过来往,凭借熟稔的友情关系,亲自一一写信约稿,一封不行,再写第二、第三封。他还特意将组稿情况编印了一份"简报",加强编者与作者、作者与作者之间的信息交流。老人们为范泉的真挚情感与坚定意志所感动,纷纷践约。患帕金森氏症的巴金老人,为这本书写来《向老托尔斯泰学习》这篇可贵的文字。漫画家张乐平,因病不能作画写字,则由口述记录的办法,送来了题为《幽默使我年轻》的文章。戏剧家曹禺"病卧久了,实在无力写东西",特致函范泉,"感谢您十分殷勤,催促我,同意您将信在书集中发表"。范泉在组稿中所表现出的那种"烈士暮年,壮心不已"的精神,正如徐迟来函中称道他的:"犹热烈地生活着,工作着。"

在编辑过程中,为了进一步加强与作者的联系,听取意见,根据范泉和责任编辑孙为的建议,出版社召开了一次上海作者座谈会。1991年5月22日傍晚,一阵骤雨洗刷了盛夏的几分炎热。82岁的赵超构、83岁的柯灵与夫人陈国容、82岁的罗洪、80岁的朱雯、76岁的丁景唐、82岁的施蛰存以及当时上海年龄最大的作家——91岁的许杰,先后来到位于华山路浓荫匝地的丁香花园。

丁香花园聚会合影（自左至右：柯灵、施
蛰存、许杰、赵超构，1991 年 5 月 22 日）

自左至右：唐铁海、丁景唐、范泉
（1996 年）

　　这家著名的园林宾馆，一时高朋满座，群贤毕至。会上，范泉向
大家介绍了《文化老人话人生》一书的具体编辑设想。虽然老人们有的
双腿不大利索，有的两眼有些昏花，有的两耳重听，但思维都相当敏捷。
范泉的话刚落音，施蛰存就说开了。他说，有一篇著名的散文《论老年》，
是古罗马西塞罗写的。不过，西塞罗只活了 63 岁，他论老年，恐怕只
是一个五六十岁人的体会，在今天看来，这还不算老年。真正要写出老

《文化老人话人生》新书发布会合影（前排自左至右：范泉、蒋孔阳、
朱雯、夏征农、许杰、陈伯吹、蔡尚思、贾植芳、陆诒，1992 年 3 月）

年人的思想、情绪、经验、体会，恐怕还是他们这批七老八十的人。因此，他赞赏范泉的编选计划……说着，说着，施蛰存像被蜜蜂螫了似的，用手抓住助听器使劲甩，最后把它摔在桌上，摇头叹息。原来，助听器失灵，他成了聋子。柯灵很快把自己的助听器借给他使用，他用了一会还是摇头，说声音同样没有过关。由此大家议论起老人用品的质量问题，对这一特殊群体的关怀问题，以及如何应对社会老龄化的问题，等等，谈笑风生，聪慧睿智。范泉趁热打铁，说这些都是文章的好内容。事后与会者乘这次相聚的余兴，很快交来了稿件。施蛰存写的就是《论老年》，赵超构的题目是《优哉游哉，聊以卒岁！》，朱雯的题目是《劫后余生话老年》，柯灵的题目是《活到老，做到老，学到老》，许杰的题目是《一个九一老人的生活和思想》。范泉先生又用"简报"的形式，把这些情况通报给全国各地作者，从而犹如滚雪球一样，引来了更多的来稿。

范泉并不以组到稿件为满足，他要求每篇文字都配有特定意义的生活照、手迹和书影。他说，作者和书籍内容有直接联系的各种形象，应该是《文化老人话人生》一个不可或缺的有机组成部分，读者从中可以更好地理解作者的行为和思想，更好地理解作者所写的"话人生"的内涵。但由于经历了"文革"，这些文化老人大多受过冲击，许多珍贵照片和手迹遗散乃至被毁，因而要收集这些形象资料甚为困难。范泉先生迎着困难上，他要求尽最大的努力，收集到一切可能收集到的。在编辑组的共同努力下，在作者的配合下，终于挖掘到一些有意义的图像。这样，成书时，每人的文章后面，都有两页版面的图影。这不仅使这本书图文并茂，可读可视，而且别开生面地抢救了一些文化老人的形象文献。《文化老人话人生》一书由此不仅有着思想的意义，而且拥有文献意义。

说到"抢救"，又不仅仅是抢救了一些形象资料。编辑这本书，按范泉的说法，整个就是一个"抢救"。他说，老一辈的文化人年事已高，说不定什么时候就被马克思"请去"，他们丰富深邃的人生体验，倘若不记录下来，可能永远消失了。请他们"话人生"，一定要"赶快做"。范泉自己身体力行，为此兢兢业业，和编辑组同志一起，仅仅花 300 天时间，就编成这部富有特色的高质量的图书。然而，尽管是这样高速度，还是有几位作者未及见到新书就仙逝了。有的老人为《文化老人话人生》写的文章成了他们的绝笔。如今，二十多年过去，书中 80 多位作者，除现年 95 岁的黄宗英还健在外（编者注：黄宗英于 2020 年 12 月 14 日去世），都已先后离世，范泉先生自己也于 20 年前的 2000 年 1 月到马克思那里"报到"了。倘若不是范泉先生当年热心"抢救"，世上也就永远不会有这样一部由老一辈智者现身说法的人生宝鉴。

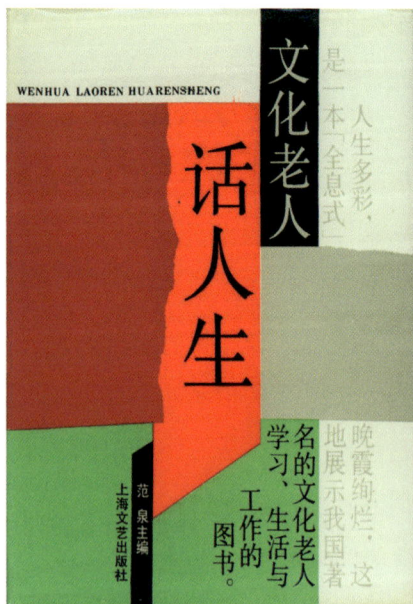

《文化老人话人生》书影

范泉先生不仅是卓越的编辑家，还是著名的作家、文艺理论家、翻译家，有多种作品问世。他与鲁迅、郭沫若、茅盾、巴金、叶圣陶等前辈多有交往，留下不少情真意切的怀人散文。他逝世后，现代文学研究专家钦鸿为他编辑出版了《范泉纪念集》《范泉编辑手记》《范泉晚年书信集》《范泉文艺论稿》和《范泉散文选》等书，展示了这位文学前辈可敬的成就与精神。就我的接触来说，范泉在《文化老人话人生》的编选工作中，也充分展现了他作为"文化老人"那种充满激情、毅力、智慧和责任的"人生"。法国作家巴比塞说过，对于文化人来说，"重要的是在死后还继续活着"。集编辑家、作家于一身的范泉，他的精神与业绩会长在，正是"死后还活着"的文化人。

（本文作者为原上海文艺出版总社社长）

严独鹤在《新闻报》组织的
有奖征文比赛：快活林夺标会

祝淳翔

　　自从第一次鸦片战争爆发，中国的国门被西方列强的炮舰政策强行打开，此后签订了一系列不平等条约，在丧权辱国的同时却也被迫吸收近代工业革命的成果，逐渐融入世界，实现近代化。蒋廷黻在《中国近代史》一书中指出："中国必须科学化及机械化，并且科学化和机械化就是近代化"，"近代化的迟早快慢和程度是决定国家命脉的要素"。也正应了孙中山的那句名言："世界潮流，浩浩荡荡，顺之则昌，逆之则亡。"

　　晚清至民国初年，陷入深重民族危机的中国，陆续滋生了实业救

严独鹤（摄于 20 世纪 20 年代后期）

国、教育救国乃至新闻救国的思潮。上海《新闻报》自1899年由美国人福开森接手后，在总理（今称总经理）汪汉溪主持下，确立了"经济自立，无党无偏"的宗旨，稳健经营，逐步崛起，其发行量峰值时达到日销15万份，从而赶超《申报》，成为民国第一大报。

1914年8月，严独鹤被延入《新闻报》，主持文艺副刊"快活林"。

1916年11月17日至1918年3月31日，严氏在"快活林"园地组织策划了一系列有奖征文比赛，名曰"快活林夺标会"，共七课，历时一年有余，参与人数众多，成为一时话题。这在一定程度上见证了福开森、汪汉溪的办报思想，同时也是严氏编刊宗旨的具体体现，其规程及运作手法，相信对于今日的新闻从业者亦不无借鉴的意义。

汪汉溪与福开森的办报宗旨

鸦片战争后，上海作为五大通商口岸之一，自1846年起，租界占地面积逐渐增至六万四千余亩，人口激增至数十万。上海迅速取代广州、香港，成为中外贸易的枢纽和全国工商业中心。中外人士还在租界出版了一大批报刊，使上海成为中国近代报业的中心。[①]

《新闻报》创刊于清光绪十九年正月初一（1893年2月17日）。初期由中外商人合资兴办，共同组织公司经营。光绪廿五年（1899），股权为美国人福开森（John. C. Ferguson，1866—1945）购得，旋聘汪汉溪为总理。光绪三十二年（1906）改组为公司，向港英政府注册。福开森任总董，朱葆三、何丹书、苏宝森等为华人董事。

汪汉溪（1874—1924），名龙标，安徽婺源人（今属江西），早年肄业于上海梅溪书院，任南洋公学庶务时，因其"为人年少方谨，举止沉静，不善辞令，而气体充实，神色可亲，乐于任事而不知疲"[②]，为监院（今常务副校长或教务长）福开森看中，复由该校监督何梅生举荐，便委以新闻报馆总理之重任。汪氏"遂决意永弃仕途，致力报界，以启沦民智，代表舆论，厘定章法，匡救时艰为己任"[③]，并以二十多年如一日的苦心经营，艰苦奋斗，终使《新闻报》迭创奇迹，不仅实现经济自立，并且赶超《申报》，成为民国时期发行量第一的大报。汪氏本人也与《申报》史量才、《时报》狄楚青及《新申报》席子佩，并称为上海报界"四大金刚"。④

汪汉溪的办报宗旨，是所谓"经济自立，无党无偏"，这是他经常挂在嘴边，令所有与之接触者，都抱持之印象。至于福开森的办报思想，早年严独鹤将之概括为两点："对于言论方面，是力主公正；对于新闻报道方面，是力求翔实。"⑤ 到了晚年，严独鹤更将汪汉溪的"无党无偏"口号，溯源自福开森。二人表面看起来不分轩轾，然而在报馆的其他员工眼中，事实却远非如此。据1921年进入新闻报馆工作的余靖在《三十年报界见闻》一文中所称，福开森与汪汉溪两个人的关系十分微妙，"外亲内忌，貌合神离"⑥。

可以从具体案例来略作观察。严独鹤曾披露其记忆中与汪汉溪的一次铭记在心的交往史：

> 第二次则为洪宪帝制时代，威焰方炽，全国骚然，先生乃语予，谓："本报号称舆论中心，值此时局，逐日所刊评论，愈为外间所重视。今者新评一已有浩然主之，吾意将以新评二属君，君其毋辞。"予以执笔为政论，或多拘束，非若谐著小说之嬉笑怒骂，皆成文章，可以任意为之，因逊谢不遑。先生遽正色曰："君勿误为此中或有困难也。本报宗旨，无党无偏，凡属同人，皆有极端之言论自由，君第试为之，日久当知吾言之不谬矣。"⑦

1915年12月12日，袁世凯正式称帝，此前早已放出空气，引发舆论持续热议。值此多事之秋，汪汉溪特地鼓励原先从不写政论的严独鹤也来写时事评论，且任由其如何评说，给予"极端之言论自由"，足见对其倚重。于是从1915年11月17日起，严独鹤便以"知我"笔名，在《新闻报》上撰写"新评二"。（此处"新评"，类似《时报》评论栏"时评"，兼有"最新评论"之意，又为"《新闻报》评论"略称。语带双关。）

然而在日后的执行过程中，却发生了争端。据严独鹤晚年时披露，

"当袁世凯称帝时，《新闻报》的评论和副刊上所刊登的小品文，对于洪宪王朝都加以抨击或讥刺，在这一点上并未听到福开森方面有何反响"，不久编辑部有三人"一夕之间，连带辞职"。后来听说"辞职的原因，是为了有些反对帝制和攻击袁世凯的新闻，已经发排，都被抽去了，未曾见报，所以愤不能平"。又如 1918 年某日，严氏因发短评，在言辞间讥讽了新上任的总统徐世昌，竟引起福开森责难，特意从北平写信给汪汉溪，给严扣上"侮辱元首"的帽子。⑧ 两件事发生时，福开森正担任总统府顾问，可见他口中的"言论公正"是留有余地的。反观汪汉溪，则更倾向于给他所信任的人更多施展空间。

稍事小结，严独鹤在《十年中之感想》谈及自己在编"快活林"时的宗旨，共三条，前两条"新旧折中""雅俗合参"，融合新旧与雅俗，属于调和派。这种兼容并包的做法除了与早年的家庭及教育背景有关，自然也受到福开森、汪汉溪的影响，且后者的影响尤巨。

1916 年沪上新闻出版业

1916 年对于上海的新闻出版业注定是不平凡的一年。

1月22日，为反对袁世凯，邵力子与叶楚伧等人创办了《民国日报》，积极推动"护国"与"护法"运动。

5月1日，《新闻报》在美国特拉华州政府注册，改为美商。这么做的好处是明显的：因特拉华州法律宽松，一旦发生诉讼，"只要不是恶意诽谤，主动更正即可解决问题，并无判处监禁规定"。⑨

而不久之前的 4 月 29 日，畅销杂志《礼拜六》周刊在发行百期时，发布启事称，"迫于欧战影响，非但纸价昂贵，且致来源断绝"，又因该刊"销数既广，则所需纸料尤伙，遭兹时势，实难为继"的两项理由而主动"暂停出版"。另两份创办于 1914 年的小说杂志《民权素》《中华小说界》也分别在当年 3 月、6 月后停办。同时，1916 年新办的文艺刊物不多，有影响力的似乎只有姚鹓雏主编《春声》月刊，共出 6 期，7 月也已不见新刊。

该年度，北洋政府教育部的通俗教育研究会开始干预出版业。9月7日，该研究会下属小说股，经过复核，一致同意查禁《眉语》杂志。呈文中称其"专以抉破道德藩篱，损害社会风纪为目的"，"流弊最大，亟应设法严禁"。⑩

总之，一来因为纸张匮乏，二来内容也受到了审查，这两股负面力量汇拢来，竟导致自民国成立以来持续活跃的沪上出版业，无论从期刊种数，还是内容上，均首次出现大幅滑坡，陷入了萧条期。

1909 年建成的新闻报馆

以上便是严独鹤于 1916 年 11 月中旬起，组织发起征文竞赛前所面临的现实处境。下文将通过分析此次征文活动的组织策划过程中的种种细节，包括选题、奖项设置、授奖原则等，随时加以点评。

"快活林夺标会" 启动

1916 年 11 月 17 日至 21 日，《新闻报·快活林》一连五天刊载《"快活林"紧要启事》：

"快活林"于本月十七日起扩充篇幅增刊极有趣味之小品文字，并添设"快活林夺标会"一栏（简章列后），以广搜名著，鼓舞逸兴，务希投稿名家暨阅者诸君格外注意为幸。

落款"独鹤敬启",表明本活动概由严独鹤策划。"广搜名著,鼓舞逸兴"云云,前半句对应着本年度文艺小说的欠缺,后半句则表明了活动的宗旨是为了满足读者的期望。

《"快活林夺标会"简章》如下:

(一)海内文豪有惠然肯来报名入会者,毋任欢迎。请开示姓名地址,寄本报"快活林",当随时披露,披露后即认为会员。

(二)文字性质庄谐间作,不限种类。

(三)每次由编辑者拟定一题,刊登报端,限期交卷。(来卷须书明名号住址)截止后由编辑者选登十卷(得量度情形略加增减)依收卷日期之先后依次披露。

(四)选作登完后即定一期限,请与选诸君投票评判,投票之法将逐日所登各卷,除己作外任选三卷,下署投票人名号,邮寄快活林。(所投之票有过于三人或不及三人者均作为无效)俟投票期截止后即统计各卷所得票数,以得票最多者三人披露报端,作为得标者。三人中又各视其票数之多寡分三等给赠。

(五)文坛同志半属旧交,大名一经披露,在投票者或感不便。因拟选登各卷在未投票以前其下暂不注明来稿所书名号,由编辑者以甲乙等字代之。(投票者亦只须于票上书甲乙等字样便可明了)俟投票终结末次揭晓时始宣布名号。(甲卷何人,乙卷何人,当详细说明)

(六)选登之卷其本人有放弃评判权利,不复投票者,揭晓时,须照原来所得票数减去一票,以归平允。(譬如原得九票者只作八票算,因有一人不投票,则为其余诸人计,即少一投票者。故本人亦须减去一票,庶无偏颇)

(七)夺标会文字一经选登,无论得标与否,概从重酬赠。至得标者三名,又特别加赠酬赠,均用现金。至其数目,当于刊登题目时同时宣布,如阅报诸君对于得标之三人中有愿加送赠品者(此项赠品不能用现金),本馆亦可代收转交,当在报端揭露。

(八)关于夺标会稿件均须于函面注明"快活林夺标会"字样,

以免与他稿相混。所投文稿无论登录与否，概不寄还。

这意味着严独鹤组织策划的第一次征文竞赛正式启动。

首先，从制度设置上分析，兼具公平性与可行性，显示此前经过了长时间的筹划与推敲过程，应该说是谋定而后动的。

具体如简章第一条，凡是寄去姓名及联系方式，即视为会员，都有机会参与活动。这对于开拓新作者是有效果的。而且当年信息交流远不如今日便捷，人们即便互相认识，却未必握有对方的联系方式（部分稿件经友人之手转投），这么一来也巩固了编者的朋友圈。

第四、第五条，作品入选后，将由作者互评，以示比赛的公正性。而采取匿名制，便尽可能排除了作者之间因人情亲疏而影响判断力。第六条则弥补了可能的制度漏洞。

总之，程序越严谨就越公平，越能提高参与度。这是十分关键的。当然了，作者互评的公平度，应弱于所有参与者都投票的方式。但好处在于时间间隔较短，相应的社会成本也较小。

会员题名录、第一课题目公布

紧接着，自 1916 年 11 月 22 日起，以报名先后为序，在同一版面连续十一日陆续公开《"快活林夺标会"会员题名录》。（以下列出有名的参与者及其人数）

11 月 22 日会员：瘦鹃、天侔、半侬、砧声、觉迷、义律、天台山农等 11 人；23 日会员：马二先生、谪居、剑秋、树滋、常觉等 12 人；24 日会员：李涵秋、天白、朱枫隐等 16 人；25 日会员：瞻庐、爱楼等 18 人；26 日会员：律西等 18 人；27 日会员：小青、海宁无我等 23 人；28 日会员：贡少芹等 28 人（其中出现一位"守玉女士"）；29 日会员：觉盦、周剑云等 27 人；30 日会员：剑啸等 33 人；12 月 1 日会员：27 人；2 日会员：苕狂等 25 人。

12 月 2 日，"快活林夺标会"公布第一课题目，为"短篇侦探小说"

《灯光人影》：

> 体例：文言白话不拘
>
> 字数：五百字以上，二千字以下
>
> 期限：本埠限阳历十二月十二日截卷，外埠限阳历十二月十七日截卷
>
> 署名：来稿须署名并详注地址，务与前报名函相合
>
> 酬赠：来稿登出者千字酬金两元，夺标之卷除按字计酬外第一名加赠四元，第二名三元，第三名二元

为什么是侦探小说？阿英《晚清小说史》称：清末的翻译家，"与侦探小说不发生关系的，到后来简直可以说是没有。如果说当时翻译小说有千种，翻译侦探要占五百部以上"[11]。从数量上反映出侦探小说的流行。具体如《新闻报》光绪三十三年（1907）四月初一日，即在头版位置刊登广告，宣传翻译版侦探小说《眼中留影》："其中如警察之颟顸，凶党之险诈，佳人之胆识，侦探之神奇，无不穷形极相，变幻万端。"尤为关键的是，侦探小说还稍具社会功能，如程小青《论侦探小说》："侦探小说是一种化装的通俗科学教科书。"[12]可见民众的热情是有原因的，即受求知欲的驱使。如善加引导，是能够起到启发民智的教化作用的。

关于"文言白话不拘"，当胡适于1916年底写《文学改良刍议》（1917年1月发表），大力鼓吹白话文学之前，清末还有一次白话文运动，即戊戌变法前后，各地都有人办白话报，极大地推动了白话文的普及。而虽说文体不限，但因限定了字数，如写白话文，势必字数多，情节不易展开，故实际发表的作品，仍几乎均为文言体，不过多属浅近文言。

至于稿酬，千字两元是当时出版业的通例，也有高于这个标准的，如《民权素》"征文例"：指定诗话以后各门，甲等每千字六元，乙等四元，丙等二元。大概是征求名家作品时才采用。因此夺标会加赠的酬金，在发表平台萎缩的情况下，是足以吸引投稿者目光的。

此后继续刊登会员题名录：12月3日花农、秋郎、诗隐等31人；

4日23人；5日红树等28人；6日陆士谔等16人；7日29人；8日20人；9日27人；10日21人；11日10人（包括三位女士）；12日韩天受等19人；13日题名录未刊；14日24人；15日9人；16日6人；17日5人；18日5人；19日7人；20日6人；21日4人；22日3人；23日2人；24日4人；25日3人；26日3人；27日3人；28日4人；29日2人；30日3人。

至此刊毕。经合计，参与者总数高达518人，虽刊登时人名略有重复，但肯定超过了500人。其间有多位女士参与，但占比不高，约为2%。显然，此活动受到了教育界等社会力量的积极响应，发生了二次"发酵"，同时也表明《新闻报》的受众面之广，影响力之巨。

自1916年12月31日开始，《新闻报》陆续公布入选作品。由于参与人数众多，入选作品相应扩为13篇，以天干地支为序逐一登载。因篇幅长短不一，至次年2月11日才全部刊毕。

几段小插曲

本活动进行过程中，有几段小插曲，不妨在此简述，以丰富这一征文活动发起后所引发的社会各界人士的积极反馈。

在第一课题目公布后10多天的1916年12月13日，《新闻报·快活林》刊出程瞻庐的滑稽小说《灯光人影之揣测》，在起首的七言打油诗"四字标题快活林，灯光人影费沉吟。肚肠阁落都搜遍，福尔摩斯何处寻？"之后，作者写道："话说独鹤发起了快活林夺标会，四方投稿家，云集响应，都去报名应课，要一试快夺锦标的手段。"印证此活动的组织策划者确系严独鹤。随后程氏发挥了作家的想象力，言辞夸张地传递苏州读者（兼投稿者）阅报后的踊跃之状，并以侦探自居，揣测了众人的反应，还信口胡诌了两位邻居为写稿苦思冥想的滑稽表现，目的只为活跃气氛，博得读者的一粲。

当会员题名录刊至同年12月21日，又有署名"太和"者，在"快活林"模仿王羲之《兰亭集序》，亦步亦趋，撰作《夺标会序》，文辞

《新闻报·快活林》刊登瞻庐（程瞻庐）小说《灯光人影之揣测》
（1916年12月）

典丽，骈散相间，为活动推波助澜：

> 民国五年，在岁丙辰，孟冬之月，会于上海新闻报之快活林，夺锦标也。髡朔（谓淳于髡、东方朔）毕至，裙屐咸集。出题有文言白话，言情侦探；又有滑稽讽世，寓言八九，以之为消闲遣兴，列名其次。虽无酒肉歌吹之盛，然一笔一墨，亦足以畅写幽情。

太和仿王羲之《兰亭集序》作《夺标会序》（1916年12月）

此外，1917 年 2 月 11 日、12 日《申报》第四张广告版，分两日刊登三洋泾桥南首之民兴社将于 20、21 日晚推出前、后本《灯光人影》侦探剧的消息。广告大字"别开生面之侦探剧，具科学的意味"，后有小字：

> 灯光人影这四个字，已显出一种捉摸不定、光怪陆离的情节，再拿灯光人影来做主脑，编一侦探剧，一定好看也无疑。《新闻报·快活林》第一课，课作十数篇，钩心斗角，琳琅满纸。本社将聚精会神，添备布景，置办器具，贡献舞台。诚一出十全十美之好戏也。佳座无多，敬乞早临。

此广告同样刊于《新闻报》，形式大同小异。《民国日报》也刊有简易版广告，却忙中出错，将"光"字印成了"化"。

民兴社成立于 1914 年 8 月，由商人张梯云出资创办，原新民社后台经理兼演员苏石痴主持，在上海新剧（即文明戏）中首开男女合演之风。据范烟桥称，徐枕亚写出《玉梨魂》及续篇《雪鸿泪史》，"后来上海民兴社编演为话剧，作者看了，写《情天劫后诗》六首"[13]。文明戏没有正式剧本，不存在编剧，剧情的推展全凭演员临场发挥。鉴于《灯光人影》应征者均为匿名，想来此演出未必与这些故事及作者攀得上关系，多数只是噱头而已。而此事严独鹤想必是知情的，相信会对他以后运作《啼笑因缘》时（出书、编电影剧本），有所启发。

"夺标会"第一课大选举

1917 年 2 月 12 日起，刊登《"快活林夺标会"启事：〈灯光人影〉大选举》：

> "快活林夺标会"第一课《灯光人影》应课者有数百余卷之多，琳琅满目，美不胜收，因照定例，广额三名，共录十三篇。遗珠之憾，在所不免，现已披露完毕，即请入选诸君按照前次刊登定章如期投

票，邮寄本馆。一俟选票汇齐，即行揭晓。投票简例附载如左：

投票权：投票权以入选诸君为限。

票式：票以寻常书笺为之，由投票者自备。每票举三名，下方署投票人名号及住址，须与前报名函相符。

期限：本埠限阳历二月十五日，外埠限十九日，逾期无效。

1917 年 2 月 23 日至 25 日，"快活林夺标会"第一课大披露，公布作者笔名及投票结果。

《灯光人影》选举票现已收齐，除天白君以远赴长沙，华生君以目疾未瘥，均来函声明未能按日阅报，放弃选举权外，余共收得十一票，兹将作者姓氏、选举结果及酬赠支配逐条披露如左：

（一）作者姓氏：（甲）小青（乙）马二先生（丙）天白（丁）丁悟痴（戊）谪居（己）潘文安（庚）瘦鹃（辛）砧声（壬）觉盦（癸）瞻庐（子）华生（丑）佚名（寅）河影

（二）选举结果：照定例每票举三名，小青来票投（庚）（癸）（丑）；马二先生来票投（丙）（庚）（癸）；丁悟痴来票投（乙）（丙）（癸）；谪居来票投（甲）（乙）（癸）；潘文安来票投（甲）（丙）（丁）；瘦鹃来票投（甲）（丙）（辛）；砧声来票投（甲）（乙）（庚）；觉盦来票投（甲）（乙）（丙）；瞻庐来票投（丁）（庚）（寅）；佚名来票投（丙）（庚）（子）；河影来票投（乙）（丙）（壬）。由此选举结果夺标者乃有四人。

天白 六票（原有七票，因放弃选举权，照章应除去一票计算）

小青 五票

马二先生 五票

瘦鹃 五票

（夺标者本定为三名，然此次除天白得最多数外，其余票数相同者共有三人，只可一例作夺标论）

（三）酬赠支配：天白君应得"第一名加赠"四元，小青、马二先生、瘦鹃三君应均分"第二第三两名加赠"共五元外，有金一明君附赠《绿杨织锦》四册，每人各得一册，伦湘君附赠《少年梦》三册，天白、小青、马二先生三君人得一册（书只三册，不敷四人之赠，因瘦鹃君投稿较迟，遂不得不于比较上失此一部分之权利）。以上书籍请即饬价来取，如函索，请附邮票，即当寄奉承。酬金当于月终汇算快活林本月酬赠时并发。

报纸篇幅通常被视为稀缺资源，此时却毫不吝啬，详细公布了选举的经过与结果乃至酬赠的分配。这既是对读者负责、对获奖者有所交代，也可见主事者支持力度之大。

"快活林夺标会"第一课冠军得主"天白"，或即包天白，此人出身中医世家，异常早慧。生于 1901 年，1912 年即出现在《申报·自由谈》，1914 年又在《礼拜六》杂志发表小说。曾任上海《工商新闻报》主笔，后淡出文坛。马二先生即冯叔鸾，后为剧评家。瘦鹃即周瘦鹃。

"小青"即程小青，1893 年生于上海，12 岁时，即耽读福尔摩斯探案至痴迷程度。1914 年小青在《中华小说界》已有侦探小说《左手》；1916 年 5 月，中华书局出版 12 卷《福尔摩斯侦探案全集》，小青任多卷译者。1916 年 6 月出版的《小说大观》上也有小青与半侬（刘半农）翻译的侦探小说《铜塔》，及创作（一说编译）的侦探小说《花后曲》，长达 19 页，是结构严谨的短篇小说。而他在《新闻报》的应征之作，则促使他创作了第一篇东方福尔摩斯故事[14]，从此青史留名。亦可见本活动意义之大。

其余几课的题目

1917 年 1 月 29 日，当"快活林夺标会"第一课连载至第九篇时，第二课的题目已然确立，为《旧历新年滑稽诗》。

同年 3 月 14 日，公布快活林夺标会第三课题目：《今年禁烟节之烟鬼》。

同年 5 月 17 日，公布第四课，题目任选，内容是新笑话。

同年 8 月 11 日，公布第五课题目：《各种人物之消夏日记》。

同年 11 月 20 日，公布第六课题目：短篇滑稽小说《十二点钟》。

1918 年 2 月 18 日，公布第七课题目：《新年新笑史》。

滑稽作品如此之多，值得略加讨论。

鲁迅《中国小说史略》里将讽刺小说推到一个很崇高的地位。但又说清末讽刺小说甚少，取而代之者多为谴责小说，以李伯元《官场现形记》为代表。吴趼人在《李伯元传》中说他"怀匡救之才，而耻于趋附，故当世无知音，遂以痛哭流涕之笔，写嬉笑怒骂之文，创办《游戏报》，为我国报界辟一别裁，踵起而效颦者无虑十数家"。在当时确实起到一定的示范作用。以后创办的一众报纸副刊，或小报，都具有消闲的目的，这也是商业社会、市民阶层的普遍要求。而清末民初许多大报如《申报》《时报》的副刊以及派生出来的《自由杂志》《游戏杂志》等都设有谐文、游戏文章的固定栏目，标榜借由游戏笔墨，以讽刺当世，暴露黑暗。严独鹤也认为："副刊的内容，多少要具有幽默的作风，更免不了讽刺的笔调"。后来披露的得奖作品中，就有许多针砭时弊的政治讽刺诗。以当年的社会风尚以及严独鹤本人的创作实践来观察，都可以发现讽刺作品是大有市场的。

第三课与时事相关。据《上海租界志》："在 1915 年 3 月举行的公共租界纳税人年会上，通过了一项继续禁闭租界内烟土行的决议。根据这一决议，工部局将按照 1908 年对烟馆所采取的办法，每隔 6 个月抽签一次，关闭四分之一的烟土行。第一次抽签于 1915 年 6 月 30 日在工部局市政厅举行，抽到签的烟土行限定在 3 个月内关闭。这样，至 1917 年 3 月 31 日，公共租界内的鸦片贸易在表面上被禁止。"[15] 兹事体大，参阅湘君（姚鹓雏）的社论《鸦片末日》[16]，文中有"数十年积毒病民，乃幸而有今日之一日，真中国除旧布新之纪念日哉"之感叹。同日，严独鹤亦有短评，沉痛指出当局"已有间接破坏烟禁之举动"，唯有"返而求诸吾民，使吾民果有去毒之决心"[17]。

时间来到 1918 年初，严独鹤为完成第二次婚姻，乞假赴浙勾留十余日，暂请周瘦鹃代理过十几天的"快活林"编辑事务。此后"快活林夺标会"因已取得效果，便在完成第七课后淡然收官。

横向、纵向的类比研究

过去《新闻报》为了扩充内容，曾于1915年3月3日新辟"快活林俱乐部"："快活林中现特辟俱乐部一栏，登载灯谜、诗钟、滑稽问答及种种饶有趣味之小品，以助阅者及投稿诸君之题目（或文虎之谜面）及应征入选者之佳作，均在本栏披露。挥笔墨之余渖，结文字之因缘。是诚海内文家一大好俱乐部也。凡吾同志,盍归乎来？"相当于以这个平台，让作者们互相交流。虽带有竞争性，但应与有奖征文比赛有所差异。

历史上沪上新闻界有过多次类似的征文活动，如1895年傅兰雅及1902年梁启超小说征文，都怀有政治抱负。与1916年"快活林夺标会"有相似性的，是1907年《时报》"小说大悬赏"[18]，但两者还是有所不同。后者概由编者决定胜出者，前者带锦标赛性质，并决出最后的冠亚季军，无疑更具悬念，更刺激。

严独鹤在上海重庆南路三德坊寓所读报（摄于20世纪40年代）

类似的吸引读者眼球的活动,《新闻报》还办过"集锦小说"("点将会")。据郑逸梅称,严独鹤不是"集锦小说"的发明者,他是继承了这一做法,且运用得法,超越前人。[19] 同样,严独鹤也不是悬赏征文活动的首创者,但他能在前人基础上,做得精益求精,胜人一筹,是值得夸赞的。

以后,严独鹤对于报纸副刊的观念逐渐成熟:

> 以前报纸上并没有什么副刊,后来有了副刊,也大都视为无足重轻的一种附属品,称之为"附张",甚至讥之为"报尾"。这种观念,真是绝大的错误。如今发行报纸者和读报者,对于副刊,都已改换目光,重新估价了,但轻视的心理,也许还没有完全更变。其实副刊在一张报纸上,决非等于附庸,而自有其独立的地位,极应该以独立的地位,发挥其独立的精神和功能。这里所谓独立,并不是说副刊的作者和编者,可以自成一军,别树一帜,而不顾全报纸本身的立场,不符合报纸本身的使命,可是在立场相同,使命相符之中,仍须独特地对读者有所贡献,对社会有所表现,说得明白些,副刊之于报纸本身,在言论方面,在一切记载方面,都可以作为有力的补充,形成良好的搭配,从而增加了报纸本身的精彩与声誉,因此副刊的地位,正是值得珍重的。[20]

之所以能得出如许理论,无疑建立在此前多年的辛苦实践之上。这其中一定包含了"快活林俱乐部""夺标会""集锦小说"在内的诸多尝试所带来的经验与教训。从注重理论来自实践的这一方面来说,严独鹤是一个社会改良家,是希望渐进式改革的。

(本文作者为上海图书馆馆员)

注:

① 黄雯:《鸳鸯蝴蝶派与民初办报热潮之关系》,《贵州民族大学学报(哲学社会科学版)》,1999 年第 1 期,第 71 页。

② 福开森：《悼汪君汉溪》，《新闻报》，1924 年 12 月 7 日（20）"追悼汪汉溪先生纪念特刊"刊载。

③ 孙玉声：《汪汉溪君传》，《新闻报》，1924 年 12 月 7 日（19）"追悼汪汉溪先生纪念特刊"刊载。

④ 郁慕侠：《上海鳞爪（下）》，上海格言丛辑社 1933 年版第 3 页。

⑤ 严独鹤：《悼福开森博士》，《新闻报》，1948 年 2 月 29 日刊载（12）。

⑥ 余靖：《三十年报界见闻》，《中华文史资料文库》，第十六卷，中国文史出版社 1996 年版 431 页。

⑦ 严独鹤：《十年感旧录》，《新闻报》，1924 年 12 月 7 日（21）。

⑧ 严独鹤：《福开森与〈新闻报〉》，《光明日报》1961 年 7 月 5 日（3）

⑨ 汪仲韦（作），徐耻痕（整理）：《我与〈新闻报〉的关系》，《新闻研究资料》，1982 年第 2 期，第 135-136 页。

⑩ 《通俗教育研究会第二次报告书（1916）》，转引自瞿光熙，《中国现代文学史札记》，上海文艺出版社 1984 年版，第 35 页。

⑪ 阿英：《晚清小说史》，人民出版社，1980 年版，第 186 页。

⑫ 程小青：《论侦探小说》，《新侦探》，1946 年第 1 期，第 5 页。

⑬ 范烟桥：《民国旧派小说史略》，《鸳鸯蝴蝶派研究资料》，三联书店香港分店，1980 年版，第 173 页。

⑭ 程小青在 20 世纪 30 年代回忆这段往事时（《侦探小说的多方面》，载《霍桑探案汇刊》第二集，上海文华美术图书印刷公司 1932 年版），称曾应《新闻报·快活林》征文，原稿里的霍森被编者或手民误改成霍桑，遂将错就错。但这实属记忆之误，详见 ellry：《程小青之〈灯光人影〉考》，《岁月·推理（下半月）》2015 年第 7 期。

⑮ 史梅定：《上海租界志》，上海社会科学院出版社 2001 年版，第 596 页。

⑯ 湘君：《鸦片末日》，《民国日报》，1917 年 3 月 31 日（2）刊载。

⑰ 知我：《鸦片末日》，《新闻报》，1917 年 3 月 31 日（6）刊载。

⑱ 李志梅：《〈时报〉1907 年"小说大悬赏"征文始末及其意义》，《华东师范大学学报》（哲学社会科学版），2005 年第 3 期，第 62-67 页。

⑲ 逸梅：《集锦小说溯源谈》，《金刚钻》，1933 年 5 月 24 日（1）刊载。

⑳ 严独鹤：《编辑副刊的体验与感想》，《报学杂志》，1948 年第 6 期，第 3 页。

爸爸与"开明"和"读书"

戈小丽

"开明"：开卷有益

家里曾有不少开明书店的书，装帧很醒目，是因为它们的店标。

爸爸戈宝权很喜欢开明书店印在书背面的店标，说那个店标非常容易使人产生联想。那是一本打开的书，敞开的书页面向一个光芒四射的半圆形太阳，书面上写着"开明"两个大字。这店标总让他联想起"开卷有益"这个成语，同时也使他联想到书是知识源泉，会给人带来智慧，启发人去追求光明。在爸爸的青少年时期，开明书店给予他不少启示和教益。最初，爸爸是开明书刊的读者，后来竟成了开明的好友和撰稿人。

开明书店成立于 1926 年，爸爸当时 13 岁，还是个在老家江苏东台上学的初级师范生。出身于世代书香门第的小小少年，爱上了开明的《一般》杂志和《文学周报》，更喜欢它出版的书籍，尤其是夏丏尊翻译的意大利作家亚米契斯的《爱的教育》，喜欢书中感人的文字和丰子恺的插图。这本书伴随爸爸多年，得而复失，失而复得，20 世纪 80 年代中期居然还常置北京家中案头。开明出版的书刊，把光明带到了当年风气和文化还很闭塞的爸爸的老家小县城。

1928 年夏,15 岁的爸爸入读上海大夏大学,酷爱书籍的他常去逛"书店街"四马路（现福州路）。在那里买到赵景深主编的第七卷第三期《文学周报》，读了他写的《小泉八云谈中国鬼》（小泉八云原名拉夫卡迪奥·赫恩是加入日本籍的爱尔兰和希腊人后代）。他在 1887 年写的《几个中国鬼》一书中介绍了六个中国民间故事和传说。爸爸看完当即在9月22日给赵景深写了一封信，告诉他文中未能查到的关于织女的神话，实即董永卖身葬父路遇织女之故事，没想到这封信竟在《文学周报》上刊登。爸爸做学问一向特别认真，他写过不少这样的信，也收到不少向他探讨和商榷学问的信，他都认真核实并一一回复。而这封1928年给赵景深的信却是他一生中发表的第一篇短文，同时也成为他后来为开明撰稿的开端。

20世纪30年代初，爸爸在望平街（现山东路）的《时事新报》工作，这时开明在福州路开了一个很大的门市部。爸爸常去买书。那时他一度热衷于日本文学，把开明出版的多种日本文学作品的译本，如国木田独步、夏目漱石、芥川龙之介、菊池宽、谷崎润一郎等人的集子都买来读。这与他当年想去日本留学有关。他最初学的外语是日语，原本想去日本学医。虽然后来他成为俄文翻译家，但对日本文学的爱好仍然不减，这些日本文学翻译书籍一直极好地保存在家中，甚至逃过了"文革"的"洗礼"。我14岁时开始阅读这些他曾热爱的日本文学，不断告诉爸爸："这些书真是非常好看呀！"日本女作家樋口一叶的作品，那寥寥数字却显

笔触的细腻和她惊人的观察力，让我在家里看得哭成了泪人。在几乎相同的年龄，我也成了热衷日本文学的读者。爸爸很高兴我步了他的"后尘"，耐心听我的读后感，回答问题，纵深讲解并分享他的感受。后来我喜欢日本文学和电影绝对是受了爸爸的影响。

1935年初，爸爸作为天津《大公报》记者和上海《新生》周刊与《世界知识》的特约通信员前往苏联。他特别欣喜并珍惜这次深入学习俄文和进行俄国文学研究的机会。那

戈宝权在上海（1935年2月）

时爸爸与为开明书店做封面设计和美术装帧的钱君匋先生早有交往，经常请他代购开明书店的书。在爸爸曾有的藏书中，有一本杨荫鸿、杨荫渭合译的美国都兰著《古今大哲学家之生活与思想》，他在扉页上写道："二十四年（1935 年）一月十二日于上海，钱君匋先生之介绍，以七折购得。"另一本开明出版的书，是胡仲持先生翻译的美国约翰·玛西著的《世界文学史话》，扉页上写有"公振先生指正，胡仲持"，这本书是译者送给我的叔爷戈公振的。这些书同美国房龙写的《人类的故事》《房龙地理》和《艺术》等对爸爸启发很深，他一直收藏着。爸爸去莫斯科后，钱君匋先生还经常给他寄书，其中有一本俄国作家陀思妥耶夫斯基的长篇小说《罪与罚》中译本，爸爸在扉页上写道："一九三六年三月一日于莫斯科，钱君匋兄自沪寄赠。"所有这些珍藏下来的书一直是爸爸对开明书店的最好回忆。

1938 年，爸爸不顾他人为他安危着想的好心劝说，毅然决然从苏联回国参加抗战，进《新华日报》工作。初到武汉时，爸爸高兴地见到不少开明书店同仁，如丰子恺和傅彬然等人。抗战期间，开明书店的编译所最初设在广西桂林。1941 年 1 月发生"皖南事变"，根据党中央保存和隐蔽文化界力量的指示，大批文化界人士被转移到外地。爸爸在当年 3 月秘密经贵阳到桂林，暂住榕湖畔小旅馆。想不到开明书店的办事处就在附近，因此爸爸常去拜访傅彬然先生，并在他帮助下终于买到从桂林飞香港的机票。12 月太平洋战争爆发，香港沦陷，爸爸又无比惊险地经广东东江游击队的帮助回到桂林。他借住的叶籁士先生家恰在开明书店办事处对面，因此爸爸常去看望开明的老友。爸爸和丰子恺先生都特别喜爱日本作家夏目漱石的名著《草枕》，后来丰子恺先生将这本书译成中文，取名《旅宿》。1945 年抗战胜利，"生活""读书"和"新知"三家书店雇了两条木船，运送书籍和纸型去汉口，爸爸搭上此船，想不到同船的又有傅彬然先生。爸爸同他在汉口相识，在桂林重逢，抗战胜利后又同船东下，爸爸常说他和傅彬然真是"三生有缘"啊。

回上海后，爸爸先后在生活书店和时代出版社的编辑部工作，并经常为开明书店出版的《中学生》和《开明少年》撰文和译稿。当时爸

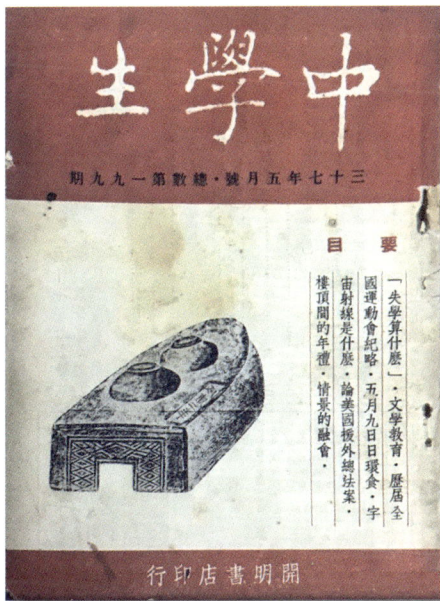

《中学生》第 199 期封面
（1948 年 5 月）

《开明少年》第 41 期封面
（1948 年 11 月 16 日）

爸常与叶圣陶先生书信来往，1948 年开明书店出版茅盾《苏联见闻录》时，叶圣陶先生在 3 月 11 日给爸爸的信中写道："宝权兄，今送上茅盾之日记部分清样，敬请批览，并选取适用之图片惠借为感。此清样将据以付印，阅后仍希掷还。"爸爸当即搜集了不少有关图片，供开明书店编辑采用。

自 1947 年初，爸爸开始为《开明少年》译稿和写稿。在当年的刊物上，爸爸初次发表了他翻译的普希金童话诗《渔夫和金鱼的故事》。这首童话诗后来成为爸爸著名译作之一，20 世纪 50 年代初不仅出版了单行本童话诗画册，还由中央人民广播电台录制成音乐广播剧。我当时正上小学，每当电台播出时我都骄傲地趴在收音机旁听爸爸翻译的童话，心里充满喜悦和温暖。家里还有这个广播剧的唱片，我们父女俩常放这张唱片。金鱼的配音员声音清脆而娇嫩，我特别喜欢，常告诉爸爸，我很想当那个"鱼娘娘"。

1947 年 7 月至 12 月，爸爸还在《开明少年》上发表了另一首普希金童话长诗《牧师和他的工人巴尔达的故事》，并连载苏联高尔基研究

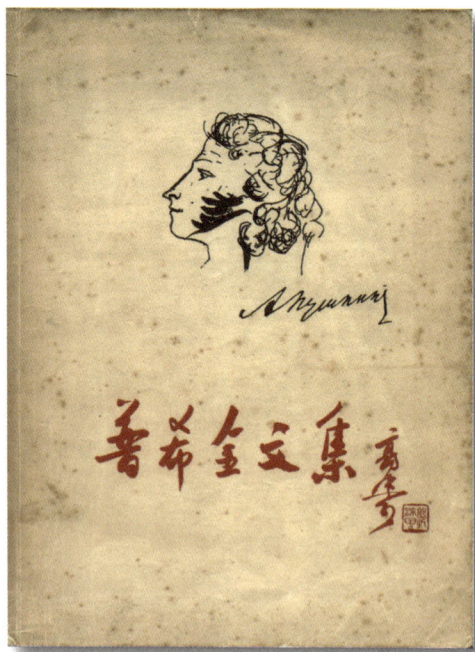

罗果夫编、戈宝权编辑《普希金文集》
（时代出版社，1947 年初版本）

专家鲁兹杰夫写的《高尔基的故事》。1948 年的 2 月至 4 月，爸爸又发表了他写的《诗人普希金的故事》和翻译普希金最长的一篇童话诗《沙皇萨尔丹的故事》。当时负责编辑《开明少年》的叶至善，经常到爸爸工作的时代出版社去约稿、取稿和送校样，爸爸对他当年的关切一直念念难忘。

　　1947 年 2 月，爸爸在《中学生》上发表了他翻译的 5 首普希金诗歌：《我的墓志铭》《至察尔达耶夫》《荒原中的自由播种者》《先知》和《致西伯利亚的囚徒》。从 1948 年 1 月到 7 月，爸爸开始为《中学生》撰写《西洋音乐欣赏》，连载数期。爸爸自幼爱好音乐，青少年时读过丰子恺先生写的几本有关音乐的读物后，深受启发，认为应该让中学生都能欣赏外国音乐。他一连写了《音乐——生命的乳汁》《怎样欣赏音乐》《怎样听音乐》《听些什么民歌》《听些什么艺术歌曲》和《你认识哪些乐器（上、下篇）》。爸爸还到位于上海福州路 272 弄的开明书店编辑部办过一次"如何欣赏外国音乐"的讲座，并带去一大包唱片，当场做示范放给大家听。之后爸爸一直保持和开明书店的老友和编辑同仁的来往,直到1983年他还应叶圣陶邀请,参加了中国青年出版社举行的《中学生》老朋友茶话会。

1985年爸爸已72岁,自称年逾古稀,而称开明书店是"快满花甲之龄"。他经常回忆同开明书店的缘分,开明书店记载了他连续不断的同仁友情交往和意义非同凡响的文字生涯的开端。他更感激开明书店给予他事业和生活的启示和教益。

"读书":书友成林

1938年5月,中华全国文艺界抗敌协会在武汉成立,出版了《抗战文艺》。同时茅盾在香港为生活书店主编《文艺阵地》。胡风先后在武汉和重庆编辑《七月》。1935年5月初,重庆几次遭日军飞机大轰炸,刊物不能按时出版。这时读书出版社的黄洛峰有意要创办一个新文艺刊物,这就是1940年1月开始出版的《文学月报》。黄洛峰担任刊物发行人,编辑者为文学月报社,孔罗荪任主编,爸爸是编委,具体协助孔罗荪做编辑工作,范用任校对。由于日机轰炸,导致经常停电,晚上只能点着油灯工作。抗战的热情在胸中燃烧,他们从不感到疲累!

为编辑这本刊物,爸爸经常到冉家巷读书出版社去看黄老板,或去孔罗荪家商量细节。1940年1月15日,《文学月报》的创刊特大号终于出版了。这是一本16开本的大型文艺刊物,第一期封面上的题字选自鲁迅的墨宝,还印了李可染的钢笔画《游击队》。"创刊辞"中指出:"本刊不是同人杂志,乃是一切努力于当前文艺运动的工作者的共同的园地。"刊物每期内容包括论文、小说、诗歌和报告文学。在外国文学方面,从第一期起就连载了苏联作家奥斯特洛夫斯基的《钢铁是怎样炼成的》的姐妹篇《暴风雨所诞生的》。此外每期刊物的封面和封底,都印有中外文学作品的插图。孔罗荪为创刊号写了《抗战文艺运动鸟瞰》,爸爸几乎每期都写稿,第一期写了《1939年苏联文坛剪影》,第二期写了《关于奥斯特洛夫斯基》,第四期写了《关于马雅可夫斯基》,第

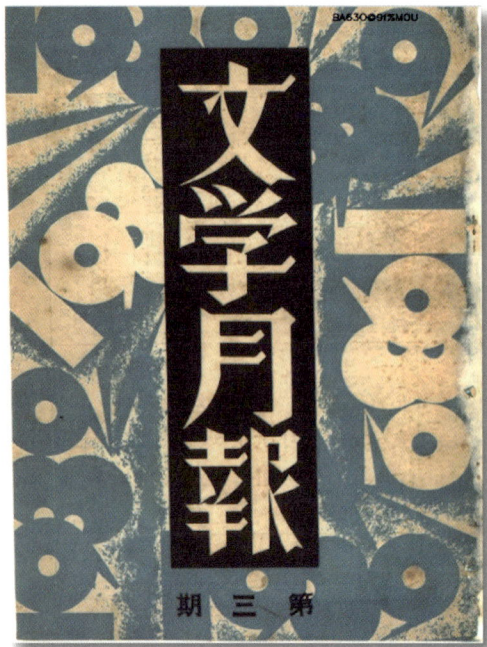

《文学月报》第三期

五期写了哈萨克民间歌手江布尔的自传。爸爸还翻译介绍了苏联儿童的集体创作《我们是伊加尔卡的孩子们》，并用"叶林娜"的笔名翻译了俄罗斯民间故事《夏伯阳之死》。

就在《文学月报》创刊后不久，黄洛峰代表出版社于1月24日晚在国泰饭店宴请在重庆的作家，当天参加这项活动的有老舍、姚蓬子、胡风、潘梓年、李辉英、光未然、罗烽、白朗、王亚平、黑丁、曾克、宋之的、凤子、方殷、梅林、子冈等六十余人。老舍和胡风致词，郭沫若和阳翰笙最后到场，郭沫若写了"文学月报社招待在渝作家晚餐会题名"，还挥毫写了一首诗："目愁寇已深，有旅众如林；横扫期无敌，雕龙万古心。"签名和郭沫若的题诗，都印在《文学月报》第一卷第二期的里封上。在《文学月报》创办的两年中，编辑部还编了各种特辑，如《文艺的民族形式问题特辑》《鲁迅逝世四周年纪念特辑》《高尔基逝世四周年纪念特辑》《马雅可夫斯基逝世十周年纪念特辑》和《俄国大诗人莱蒙托夫诞生一百二十四年纪念特辑》，1940年12月出版的第二卷第五期还编了《苏联文学专号》，所有这些特辑都各具特色。

在《文学月报》创刊的同时，读书出版社又出版了《学习生活》半月刊。黄洛峰任发行人，楚云和赵冬垠两人任主编；另外，胡绳和史枚还主编了《读书月报》。爸爸也为这两刊写过稿，如给《文学月刊》写稿的内容取材于当年苏联的一些大事，总称为《苏联科学故事》。第一篇是《"祖国号"飞机的长途英勇飞行》，第二篇是《"乞留斯金号"的人们是怎样被营救的》，第三篇是《莫斯科的地铁是怎样建设的》。爸爸因此被称为"多产作家"。

1941年1月"皖南事变"后，国民党查封了"生活""读书"和"新知"三家书店及分店，逮捕不少书店的工作人员。为保存在重庆和桂林的大批民主人士和文化界人士，党中央将他们转到香港和南洋一带。邹韬奋和茅盾等人去了香港，"生活""读书"和"新知"的负责人徐伯昕和黄洛峰等也随后抵达香港。爸爸是3月去的香港。在离开重庆时，孔罗荪为爸爸在邮局弄到一张邮政车的座位票，再由读书出版社的万国钧把爸爸送过嘉陵江，在海棠溪登上邮政车，坐在司机旁边，就这样秘密离开重庆。到达香港时，《华商报》已出版，邹韬奋正在筹办《大众生活》，茅盾主编《笔谈》，张铁生主编《青年生活》，爸爸忙着为这几个刊物写稿和译稿，同时协助叶以群创办文艺通信社，向海外的中文报刊供稿，整个香港和南洋的文化生活顿时活跃起来。然而这只是短暂时光。12月7日太平洋战争爆发，日军于圣诞节前占领香港。爸爸与茅盾夫妇和叶以群等一批文人一起，在广东东江游击队护卫下，于1942年1月9日，在铜锣湾登上预先安排的小船离开香港，他高兴地见到多日未见的韬奋先生。第二天清晨，爸爸一行人偷渡过海，穿过九龙和新界，抵达白石龙的东江游击队司令部。爸爸曾在龙岗圩同邹韬奋等人住过一段时期，于当年4月离开游击区，想不到同韬奋先生的这次话别，竟成为永诀！

爸爸回到重庆后，继续在《新华日报》工作，同时参加"生活""读书"和"新知"三家书店的编辑工作。读书出版社的《文学月报》出到第三卷第二、第三期合刊时，在1941年12月被迫停刊，但《学习生活》半月刊仍能继续出版。于是爸爸和黄洛峰就利用这个刊物，每隔一期出一

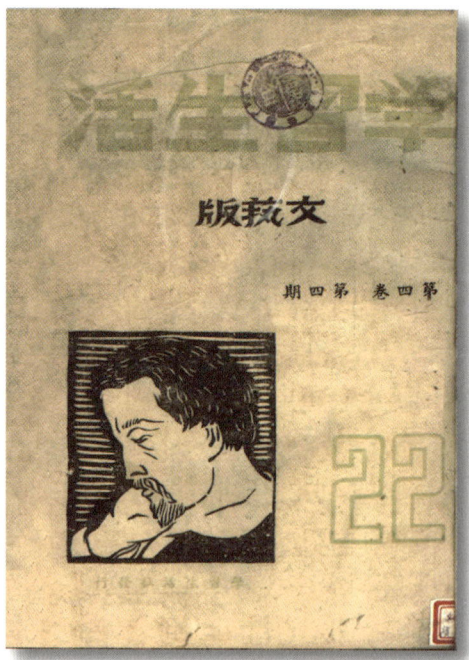

《学习生活》第四卷第四期

个文艺版，代替《文学月报》。爸爸手边曾保存一本 1943 年 4 月 1 日的《学习生活》第四卷第四期，上面有吴伯箫翻译的海涅《哈兹善旅行记》，有爸爸翻译的察科夫斯基《诗人海涅之死》，封面上印的是林仰峥的木刻海涅像。

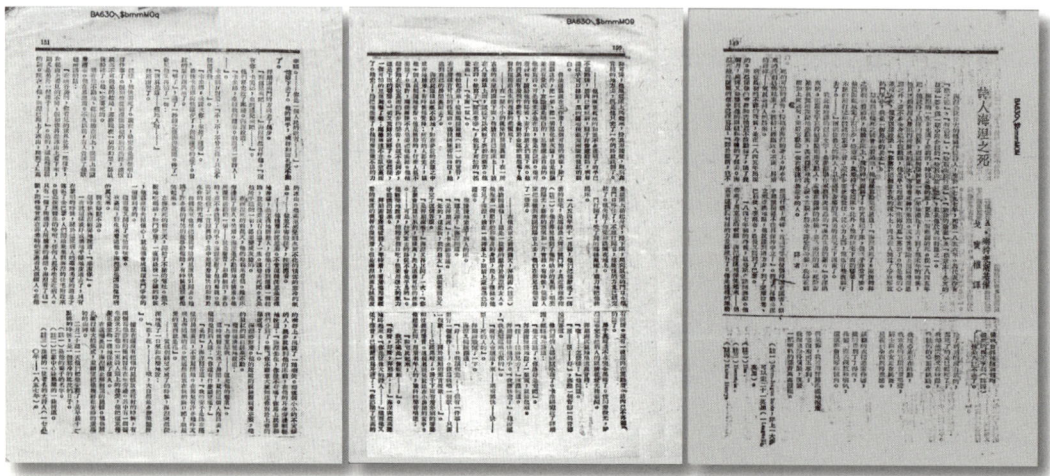

戈宝权译《诗人海涅之死》

不久，叶以群的《文艺阵地》被国民党查封。他靠邵荃麟和葛琴的帮助，取得桂林已停刊的《青年文艺》的登记证，在重庆重新出版新一卷的《青年文艺》，实际上是继续在办《文艺阵地》。在出版的六期中，从第二期起连载了爸爸翻译的高尔基的《我怎样学习写作》。这本书后来被收入曹靖华主编的中苏文化协会《苏联文学丛书》，并经黄洛峰同意，于1946年7月由读书出版社出版。书封面的美术字，是由出版社的范用写的。1946年春节，爸爸回到上海，进生活书店和时代出版社编辑部工作，但他和黄洛峰及读书出版社还经常保持联系。

1948年，"生活""读书"和"新知"三家书店在香港正式合并，成立了生活·读书·新知三联书店，黄洛峰担任了三联书店领导人之一。1949年初，爸爸欣喜地在哈尔滨和沈阳等地见到1949年2月用三联书店（东北光华）名义印的高尔基的《我怎样学习写作》。这本书在1950年9月印了第三版，1951年又印了第四版和第五版，而且都是

戈宝权译高尔基著作《我怎样学习写作》再版封面
（1945年11月）

用三联书店名义出版的。作为这本书中文版的首位译者，爸爸甚感欣慰。

在写这篇文章时，我查询了史料并回忆爸爸曾经讲过的旧事。这里写的是我还未出生时的爸爸，而我熟识的爸爸是温文尔雅的文人爸爸，但在这篇文章中，读者看到的却是一个充满激情的爱国热血青年。爸爸的同事和好友向我印证了这样的爸爸，他们告诉我，抗战期间爸爸通过读书出版社的《新生》这一专栏连载介绍苏格拉底、柏拉图、亚里士多德及荷马史诗《奥德赛》，热切地渴望中国读者能粗浅地知道这些智者贤者的思想主张与德行。由于爸爸发表众多译作和文章，他被学界认为是 20 世纪 30 年代在战火硝烟中坚持介绍外国思想、做文学启蒙工作的热心学者之一。

（本文作者为戈宝权女儿）

从《中国官话》
看欧洲中文活字印刷肇始

邢　立

　　《中国官话》（*Linguae Sinarum Grammatica, et Sinicorum Regiae Bibliothecae Librorum Catalogus*）1742 年由法国皇家印务局[①] 印制，是法国汉学家、阿拉伯学家傅尔蒙（Etienne Fourmont，1683—1745）编纂的汉语拉丁文词典，是目前所见欧洲最早用中文活字印刷的图书。有关这部书的出版，还不得不提到一位中国人黄嘉略。

《中国官话》书名页

黄嘉略（本名黄日升，西文教名 Arcadio Hoangh,1679—1716）1702年随传教士旅居法国，当时的法国国王听闻这个消息后，就命其编纂《汉语语法》和《汉法辞典》，还让当时法兰西学院的两位年轻学者傅尔蒙和弗雷莱协助完成工作。在合作过程中，黄嘉略把从未接触过中国研究的学者带进了汉学殿堂，使他们成为法国汉学的创立者。傅尔蒙编写的《中国官话》的出版，就是其中一个重要的成果。

《中国官话》出版的背景

葡萄牙耶稣会修士曾德昭（Alvarede Semedo,1585—1658）在《大中国志》中称："通用的汉语被称为'官话'，即中国官员所讲的语言，在全国皆通用，正如拉丁语通用欧洲，甚至比拉丁语更通用，而中国人同时还各自讲不同的方言。"利玛窦（Matteo Ricci，1552—1610）是耶稣会传教士，也是第一位阅读中国文学并钻研中国典籍的西方学者，明朝万历年间来到中国，他在 1592 年写道："汉字在全国的 16 个省份都通用，但每个省所使用的口语都有所不同，不过还存在着我们称之为法庭用语的通用语言，这是由于所有担任法官的地方官都来自不同省份的缘故，这种语言正是我们学习的语言。"

拉丁语原本只是意大利中部的方言，因为罗马帝国的势力扩张和天主教的流传，扩展为当时欧洲通用语言。拉丁语是个综合语，一些学术词汇或文章现在仍然在使用拉丁语。在大航海时代，西班牙和葡萄牙分别从印度洋和太平洋相会于中国沿海，拉开了中华文明与欧洲文明交流的帷幕，拉丁语在清初对宗教和外交领域起着十分重要的作用。法国国王路易十四曾于 1685 年派 6 名"国王的数学家"组成的团体前往中国，与康熙帝进入了外交"蜜月期"。这个时期大批的耶稣会传教士成了清宫廷内的技术客卿，对双方交往而言，语言文字是重要的工具。1689 年，中俄《尼布楚条约》就是在葡萄牙传教士白日升和法国传教士张诚参与下用拉丁文等签署的，1716 年康熙皇帝为解决"礼仪之争"给罗马教廷的"康熙帝寄西洋众人谕"（也称"红票"）也是使用满文、汉文、

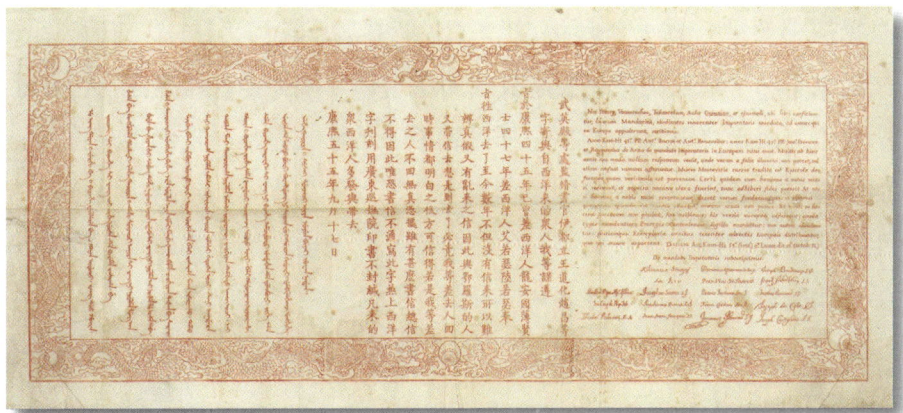

康熙帝寄西洋众人谕

拉丁文三体文字合璧由武英殿雕版刷印送往欧洲。

《中国官话》的诞生背景，是在法国进入"中国热"的过程中，但在整个法国并没有懂得中文的人②。正像《中国官话》的编纂者傅尔蒙说的，"欧洲有很多中文书，到过这个国家的传教士和旅行家的报道，既令我们对它产生好感，也让我们对它有所了解。可是由于没有语法书和字典，它们成了图书馆里毫无用处的摆设"。因此，《中国官话》的编纂出版，响应了当时想要进一步了解中国的需求。

黄嘉略与傅尔蒙

黄嘉略与《中国官话》的诞生有着密切关系。黄嘉略自幼在家乡福建莆田受到汉语、拉丁语、中国经典和基督教教义的良好教育，在两位法国传教士身边生活和学习九年后，曾独自游历七年，到过中国大部分省份。1702 年，黄嘉略随法国传教士梁弘仁（Artus de Lionne，1655—1713）到达法国，是 18 世纪第一个来到法国的中国人。停留一个月后，黄嘉略前往罗马。1706 年，黄嘉略从罗马回到法国，定居巴黎，娶妻生女，直到 1716 年 10 月 13 日在巴黎逝世，再未返回中国，是法国世俗汉学的奠基人。

　　黄嘉略回到巴黎后，法国国王路易十四聘请他为汉语翻译，兼为皇家图书馆中文图书整理编目，并编纂中文辞典和语法书。1711 年，法国王家学术总监比尼昂要求黄嘉略集中精力编写《汉语语法》《汉语字典》。由于当时汉语的第一部语法书《马氏文通》尚未诞生，黄嘉略的编纂进展缓慢，比尼昂就派两位年轻学者弗雷莱、傅尔蒙协助。1716 年黄嘉略去世前，《汉语语法》已写成，以偏旁和部首为序编写的《汉语字典》也已经完成了分属 85 个部首的 5210 字。《汉语字典》参考的母本是明代梅膺祚所编撰的《字汇》和相承的《正字通》，编排按照 214 部首的系统分类。

　　大约在 1715 年，配套的刻字工作启动，首先从 214 个部首的活字开始制作。不料 1716 年黄嘉略突然去世，傅尔蒙将完成的 214 个部首字呈给国王，国王决定继续进行镌刻工作。傅尔蒙一边研究汉字，一边带领刻工继续工作，直到二十六年后，《中国官话》终于问世。

《中国官话》印书概况

　　傅尔蒙于 1729 年编纂完成的《中国官话》，1742 年由法国皇家印务局印制出版。据有关资料介绍，当时印制数量是 250 本，现存大约 15 本。笔者实测开本尺寸 34.5 × 23.5 厘米，采用活字版双面印刷，书名页等 3 页（面），内文共 565 页（面）。全书包括傅尔蒙的序言、内文五卷和结尾。正文分为口语语法和中国简介及常识。汉字读音用拉丁字母表示，法语解释。介绍了各省概况、朝廷机构、作物种植等内容。结尾部分从第 343 页到第 516 页对法国皇家图书馆当时收藏的《中国王朝图书目录》做了简介，其中介绍的第一部书就是明代梅膺祚编写的《字汇》。

　　全书印制精美，采用西式制造的纸张，与中国当时抄造的纸张相比，表面粗糙且厚重，有质感，柔软性和渗墨性差，实测纸张厚度并不均匀，约 0.12 — 0.17 毫米。纸张有明显水印标记和捞纸网纹，在紫外线灯下可以看出水印是连续字母组合和专属图案。文图吃墨的印痕部分较深，

《中国官话》中的《字汇》简介

直观感觉是纸张在湿润状态下压印，字迹边缘有明显溢墨，采用的是油墨，略有渗化现象。放大纸张纤维，可见纸张表面有经过涂布类处理和研光。比起当时中国柔软纤细的印书用纸要粗糙很多。中国纸坚韧柔软，稍加施力刷印即可，欧洲所抄书籍用纸厚实，更适合施加压力的机械双面印刷。

黄嘉略在世时开始制作的这套木活字，是欧洲中文活字印刷的肇

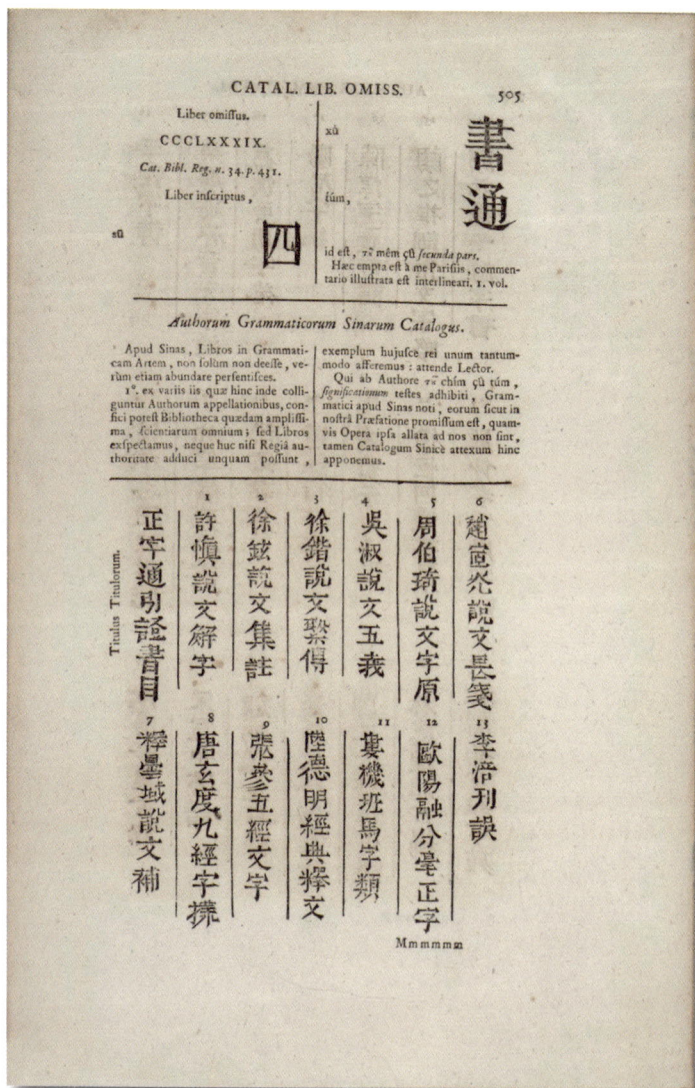

《中国官话》内文中文有两种规格

始。③《中国官话》内文使用的中文字体为宋体,有两种规格。活字有重复排版使用和倒置现象,在结尾部分的书名小规格字可能有部分是雕刻的词组拼版。本文参考的《中国官话》为法式牛皮半封面圆脊精装,手工锁线扒圆,封面颜色略发黄,书脊贴皮烫印金色书名,三边红色花口,内有白纸环衬。书中有多处使用花边、边框纹饰。在装帧、字体、排版、纸张等方面制作讲究、雅致。

法国国家图书馆藏《中国官话》的牛皮精装封面

《中国官话》印刷技术的一些特征

（一）中文采用宋体字

宋体字是在明朝逐步定型的印刷字体，有老宋、硬体、方体、匠体、肤廓字、明体等称法，宋体字是近现代铅活字印刷使用的主要字体。张秀民在《中国印刷史》中描述为"其实，它与真正的宋体字毫无共同之处。笔者曾翻阅了现存宋版书近四百种，从未发现过此类呆板不灵的方块字，所以应改称'明体字'或'明朝字'比较名副其实。明体字虽无颜、柳、欧、赵手写体那样美丽悦目，但在雕版史上却是一大进步，为什么呢？因唐、宋、金元以来各种楷体字，纷纷出现在印本上，并没有统一的标准，至此才有了定型的印刷体"。

宋体字之所以能成为直到 20 世纪末中国印刷出版使用的主要字体，从印刷技术的角度来追溯，应该说不完全是由中国人自主选择了宋

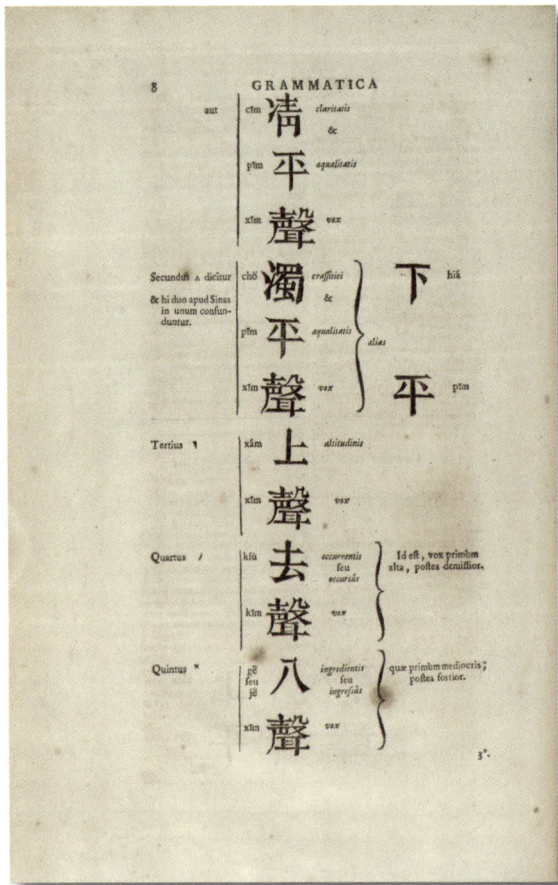

《中国官话》介绍声律部分内页

体这种缺少品格、显得机械化的字体。字体结构上，宋体字容易辨认雕刻，但中国传统审美的代表字体是楷体，在古人看来，宋体字就是匠体字，最好的书籍是用楷体字来印刷的，它符合中国文人的审美和汉字的美学，但宋体字的辨识度高和易于雕刻印刷是其优点，用直线代替了楷书的不规则曲线、横平竖直、横细竖粗，能够提高雕刻生产和传播的效率。并且字体的一致性强，即便是文化程度不高，甚至不认识这个字，刻版工匠也能够根据书手所书写的字依照笔画准确雕刻，风格一致。欧洲人虽然在技术上引领了汉字铅活字的开发，但是凭空制造字体完全不具备可能性，到19世纪欧洲各国竞相开发的"巴黎字""柏林字"等，都是延续了宋体字。在中国诞生的铅字"美华字""香港字"都是在老宋体字基础上开发的。《中国官话》将西方的罗马体和东方的宋体这两种印刷字体搭配混排，开启了中西文混排的经典组合。

（二）木活字的规格制式

日本摄影师、设计及美术学教授港千寻先生（Chihiro Minato，1960 — ）在《文字的众母亲：活字版印刷之旅》中，介绍了 2004 — 2006 年他在法国皇家印务局搬迁期间拍摄到的汉字铜字模、铅活字，并对皇家图书馆书架上大开本皮壳精装书《汉字西译》做了些介绍，这本书是继《中国官话》之后法国皇家印务局印制并保存的另一本中文、法文、拉丁文辞典。该书是在拿破仑一世的命令之下编纂，于 1813 年付

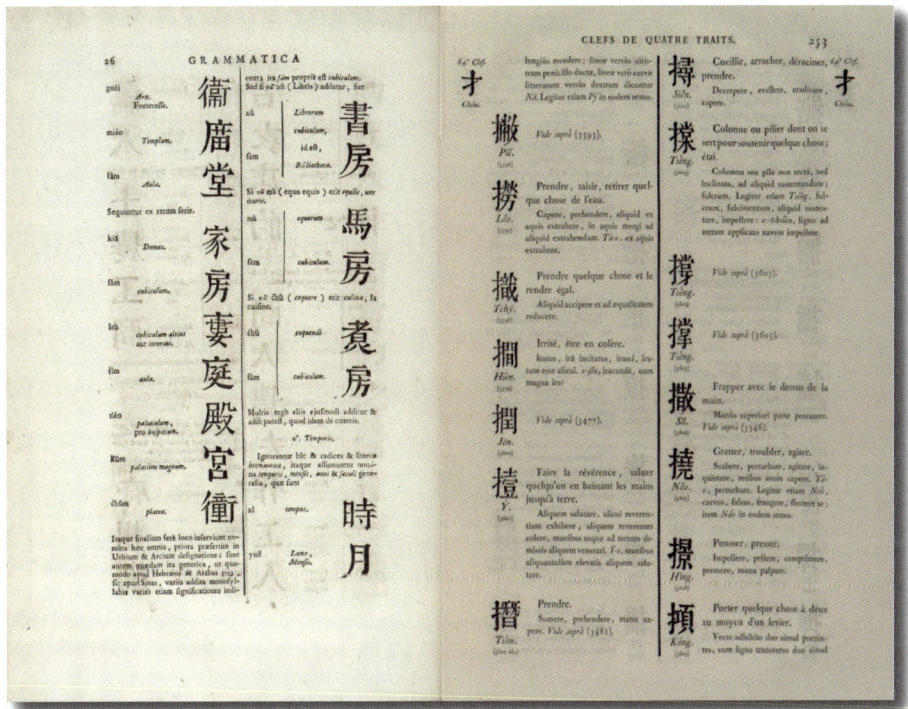

《中国官话》（左）与《汉字西译》内页对比

样发行。港千寻先生还写道："这本书所使用的汉字是 40 点的木活字……以傅尔蒙制作的活字为基础，不足的部分则雕刻制作新活字。"④

　　日本字体研究者小宫山博史先生也认为这些是 40 point（点）木活字，"王立所（法国皇家印务局）的 point 尺寸是独一无二的特殊尺寸，1 point 等于 0.398mm"。

　　但根据笔者实际测量，《中国官话》的木活字规格更符合 4 个西塞罗（Cicero）标准铅字，大约 18 毫米。《汉字西译》的木活字以 40 point 计算等于 15.92 毫米，两者大小不相符。再通过两本书内页的对比发现，《中国官话》的汉字更加方正，接近老宋体。而《汉字西译》的汉字略显细长。也许皇家印务局用于印刷《汉字西译》并保存的并不是最早从 1715 年开始制作的中文木活字。

　　从另外一个角度来分析，从谷登堡时代发明铅活字印刷到工业化生产铅字的过程经过了三百多年，1770 年才形成了能够开始铅活字工业化的迪多点数制规格标准。能够在法国首先形成点数字体系，与法国重视其他文字的活字开发有关。印制《中国官话》没有采用铸铅字坯刻铅字，而用木活字，也反映出欧洲当时并没有办法用手摇铸字器铸出大批量规格铅坯。活字规格化、标准化经过了非常复杂的发展历程，仅仅只是统一活字的高度，在印刷史记载中，实际到路易十五时期才确定了当时铅字的高度标准。而随着传教士在中国引入机械印刷技术，由美国 1886 年规定的活字派卡（Pica）点数制在中国一直影响至今。实质上西方对于中国活字影响最深远的也是其点数制标准体系。

（三）活字的雕刻技术

　　《中国官话》是由铸造的西文铅活字、雕刻的中文木活字和雕刻的大写艺术字母、装饰图像组版而成。从书中雕刻的字体看，明显能够看出至少有 3 人以上参与了这些中文木字的雕刻，港千寻先生认为可能有 6 位，到底有多少刻工参与尚需根据字体特征深入考证。在《中国官话》中，中文活字普遍的规格是西文正文活字尺寸的四倍，中文木活字如果按照西文活字的尺寸大小首先是雕刻困难。其实直到 1859 年上海美华书馆（宁波华花圣经书房）开发五号铅字，在中国也只有宁波人王凤甲等少数刻工能够整套写刻制作电铸字模的木质中文活字的种字，另外

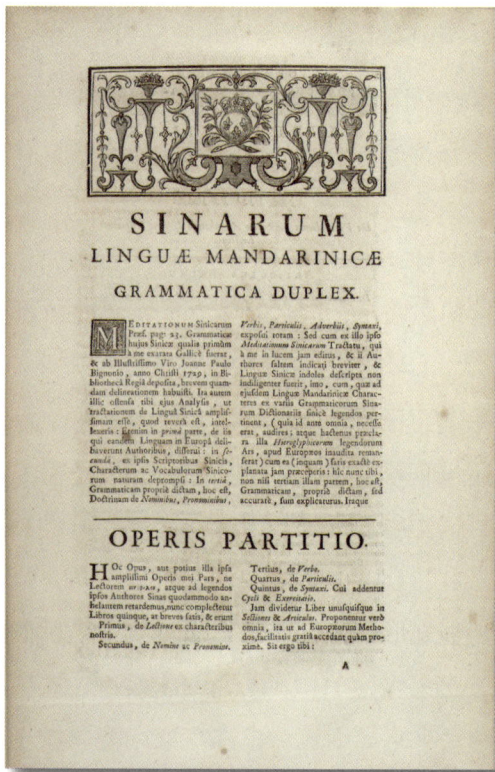

《中国官话》对比拉丁语与中国官话语法页面，由西文铅活字、雕刻的大写艺术字母和装饰图像组版而成

笔画太细太小的木活字不能承受西式印刷机的压力，不能满足重复使用要求。

面对庞大的中文体系，中文的书写和印刷字体不同，尤其是越简单的笔画结构越考验写、刻者对文字的了解程度，相信法国皇家刻工肯定是有雕刻经验的，但是临摹汉字，改变刻工固有的对雕刻对象图形化的理解，甚至是把两种通常截然分离的书写楷体变成印刷宋体，即便对中国人也有相当难度。从一些典型笔画来看，《中国官话》的中文木活字注意了宋体字的特点，横细竖粗，横轻竖重，笔画结构特定的边饰和角饰等，从雕刻比较好的活字的"横"笔画来看，雕刻者充分注意了宋体字从起笔到收笔的一些特征，尤其是收笔三角形，在中国通常使用拳刀，熟练雕刻者两次奏刀可完成，从《中国官话》中看，收

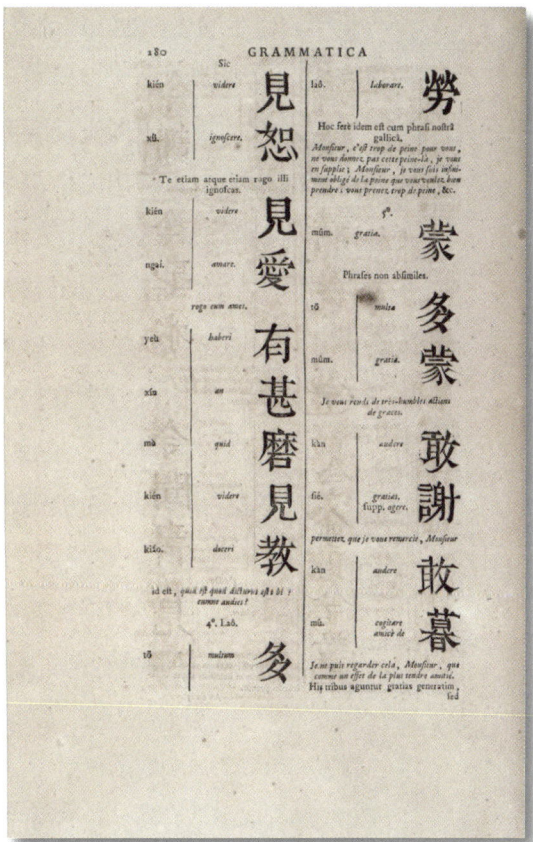

《中国官话》敬语部分内页

笔的三角形呈现出的是类似山坡的斜坡，可以看出可能采用的是西方常用的直刀方式，相比中国用拳刀的发、挑刀形式进行规模化木活字生产，还是有差距。从一些横划弯曲的不自然也可以看出对汉字及其笔画的不了解，用刀不是一刀，而是抠出来的。从雕刻比较好的活字"竖"笔画来看，有楷书笔势特征，起笔钝角，收笔圆角。一些活字的"点"字头为竖划形，符合老宋体当时奏刀顺手的刻法。《中国官话》总体上来看注意了汉字书写和刻法的特点，少量复杂字形楷体特征明显，字架构很好，上样者应该有熟练的中国字功底，虽不能直接认定一些雕刻很好的宋体字就是黄嘉略的写样，但是可以看出这批活字字体差异很明显，有些刻工刻出的字体笔画结构等有明显错误，可以根据常理判断是黄嘉略去世后所制作，从以往相关研究上看，黄嘉略对早期木活字的雕刻有

参与，遗憾的是时间短，对于这些中文活字的雕刻还需要再探讨。另外，宋体印刷字体的形成，还有一个重要因素是适合中国雕版印刷时使用的木板木刻，对《中国官话》其雕刻采用的是西方常用的木口木刻还是中国工匠在雕刻时常用的木板木刻方式，包括是黄杨木还是杨木，也会对其字体的雕刻产生影响，这些还需要看到实物等加以证实。

《中国官话》木活字的运用，也反映出西方铅活字制造方法在当时还没有对中国产生影响，而产生影响的可能是解决中文和拉丁文混合排版的点数制这种科学方式。这并不是谷登堡的贡献，是他之后逐步形成的技术进步和发明，也是西方铅活字版印刷的重要核心内容，真正解决中文铅活字制造的是电铸技术，当然它的母本还是木活字。

（四）西文与中文的组合排版

《中国官话》中使用的拉丁文铅字的基础是加拉蒙（Claude Garamont，1499—1561）设计的罗马体活字，这种字体在法国经过了多次的重新雕刻（许多类似字体是以它为基础重新雕刻的，本文未再细分，以罗马体总称）。《中国官话》字体采用的是西文罗马体与汉字宋体，从印刷痕迹看是中文木活字与西文铅字同时混排印刷。从版面活字的重复利用看，至少是有三个（组）人同时参与，分别按约定顺序排某部分，然后拆版后再排版。在处理西文铅字横排与小规格中文竖排混合排版时并没有真正从技术上有效解决，可能采用的是刻中文字组方式，或者说是与雕版结合方式，从版面看是混排组版后一次印刷。同一时期，将中法两国官方印制的中西文混排印刷品相比较，中国官方采用的是分别雕刻中文与西文的雕版，最后套印而成。中国对拉丁文雕刻水准明显高于法国对中文的雕刻，这与当时在清廷内有大量来自欧洲的技术客卿有着密切关系。从技术角度看，西方这个阶段已经具备了批量铸造铅字能力，开始形成了铅字标准的技术体系，为工业时代的来临做好了准备。根据小铅字笔画细节完美的程度，可以推测已经选择了"热缩冷胀"的铅锡锑类合金，铅字金属配比已经趋于完善。虽然，同一时间、同是皇家的印制，中方印品视觉效果好，但中国完全是依靠手工雕版，西方采用的是活字。从技术体系角度看，西方已经从手工业向工业化过渡，其活字体系具备科学性，用数学方法科学地解决了活字组版的技术。以西文铅字制造的方式，当时的技术并不能制作数量庞大的中文活字。实现制造类似一个西塞罗大小的中文木活字或者用铅坯雕刻中文活字用于与西文混排，当时在欧洲从技术上并不具备可行性，过小的中文木活字，笔画细也不能承受西式压印，这些技术上的难题导致出版的困难，也影响了中国汉字和中国文化在西方的传播，直到一百多年后，随着科学技术的发展，利用电铸技术才实际找到了解决方法。

（五）采用西式印制方式

《中国官话》采用西式压印的印刷方式，使用油墨，双面印刷，字迹印痕深，直观的感觉当时是采取在纸张潮湿状态下使用印刷机印制。

欧洲与中国在书籍印制上采用的是不同的两种印刷体系。早期传教士在中国印制拉丁文与中文混合排版书籍，使用的是雕版刷（擦）印的方法，如康熙十年（1671）在华耶稣会刊印的《无罪获胜》，是用中文宋、篆体及拉丁文刊刻而成，包括1716年清内府印刷的"康熙帝寄西洋众人谕"，这些时代还早于《中国官话》的印品，字体雕刻和刷印清晰度明显质量要好。西方能够看到中国印制的书，能够感受到中国印书之美，模仿却有难度，纸张是根本性问题。15世纪的西方，谷登堡的印刷技术发明时，纸张的应用并不普遍，在最初印刷的谷登堡四十二行圣经中，除了纸本，还有羊皮本。厚厚的纸张和羊皮纸印刷，如果没有油墨和大压力是不可能实现的，所以西方印刷技术发明诉求的印刷方式就是使用机械来压印，印刷、出版在英文的表述都是 Press，而中国是刷（擦）印。大压力带来的问题除纸张外，首先是活字的承压能力，自然涉及包括字的笔画、活字结构、材质等。

活字版不平整，印痕就有深浅，那么纸张、印版与压印板之间必然需要弹性体，在印刷时须垫有毛毡或多层纸张等。按照印刷机械发展史记载，当时没有铁质手扳架印刷机，只有木制螺旋压的印刷机，没有办法一次大面积压印，只能靠推动滑动板台来完成稍大幅面的印刷。本

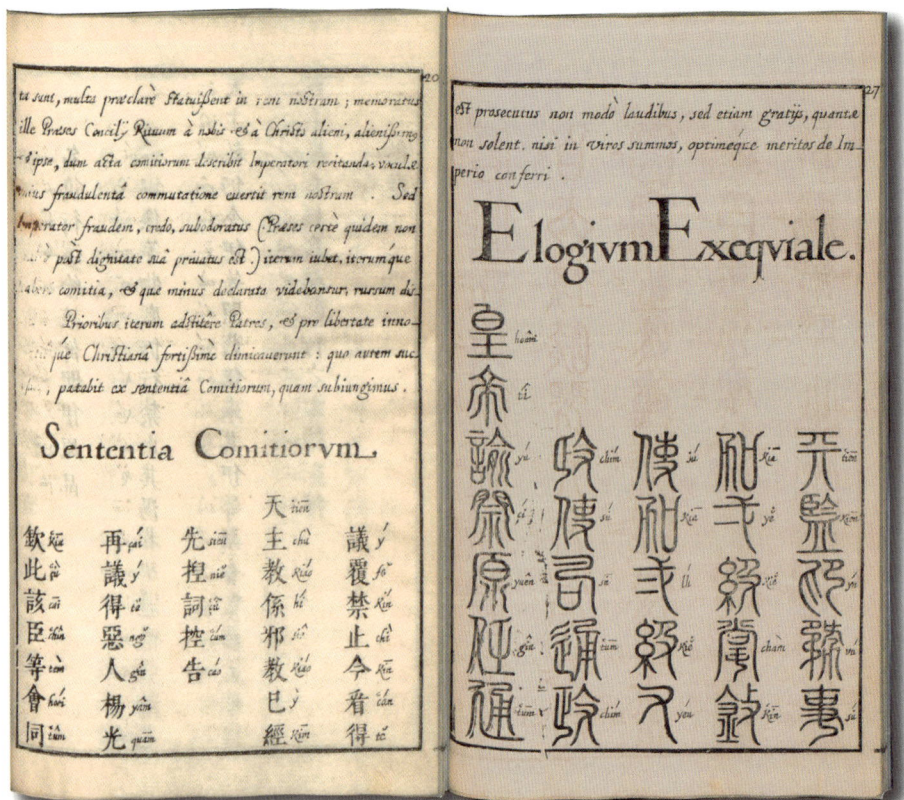

《无罪获胜》内页

书中的大尺寸折叠插页，也能反映出当时能达到的技术形态。从书的后半部分看，压痕深度开始减少，但清晰度没有下降，背透现象得到改善，看起来中文与拉丁文混排的技术问题也在逐步改善。从保存了近280年的图书现状看，油墨在纸上的牢固度非常好，有渗化现象，证明了西方当时采用天然亚麻干性油等做连接料制成的油墨黏性已经完全能够适应铅活字与中文木活字、木刻边框装饰纹样的机械印刷。

两种文明相互碰撞的最初形态，往往体现在出版物、文字和字体上，西方人所认识的汉字最初的外在形态图像和神秘感带来的想象空间在一定意义上代表了西方思维的内在因素，中国人认为最好的汉字字体并不一定是西方人最容易辨识的，在欧洲选择采用中文木活字和印刷字体等方面，黄嘉略做出了重要贡献。

　　中西方都认同印刷术对人类文明发展的进程产生重要影响，通过《中国官话》的印刷木活字的肇始研究，有助于从技术发展的视角了解文明的相互传递、抚育和影响，梳理西方对中国知识和图像认知演变的历程，找寻他们关于中国认识的源头，找准中西方在传、受方式上的差异，研究西方乐于接受的汉语汉字形态，有助于充实对外传播的话语体系，增强中华文化在国际上的传播效果。

（本文作者为北京印捷文化发展有限公司总经理）

注：

① 法国国家印刷厂在不同时期有不同的称谓，皇家印务局、王家印务局实际都是指同一机构。

② 参见张西平著《欧洲早期汉学史》，中华书局 2009 版，第 668 页。

③ 张秀民、韩琦所著《中国活字印刷史》认为，德国人缪勒在柏林制作了"华文印字模 (Typographia sinica)"，"是欧洲第一个试图用中文活字来印刷汉学著作的人"。但笔者认为，这套活字每个字模四周有外框，与字面等高，从形制上来看，更像是中国的印章，并不能真正运用于实际的中文印刷。

④ 港千寻：《文字的众母亲：活字版印刷之旅》，台湾商务印书馆 2009 年版，第 58-59 页。

高云塍——中国首套楷体铅活字"汉文正楷"的书写者

雍 琦

书法家高云塍
（1930 年摄于上海）

19 世纪，诞生于中国的印刷术在自己的故乡经历着前所未有的巨变。西方传教士因为印制中文《圣经》的需要，利用近代印刷术改革中国传统的雕版印刷术。他们用西洋制造铜模铅字的方法，制作汉字铜模，铸造铅活字，制版印刷。印刷术的改良，促进了报刊图书的大批量生产，报刊图书市场的繁荣，又反过来要求印刷术的进一步改良和完善。在中西碰撞、空前活跃的文化气氛中，国人借鉴西方技术，结合传统印刷术的经验和审美要求，开始谋求自行设计铸造金属活字，开创属于中华民族自己的近代出版印刷事业。有学者统计，从 19 世纪末到 20 世纪初，全国有 21 家企业或个人，开发了 34 种金属活字 ① 。这些金属活字所用的字体，以宋体为主，也有一部分楷体和其他字体。而在楷体活字中，创制时间最早、配套最完备、影响最大的，是汉文正楷印书局的"汉文正楷"字体。

关于"汉文正楷"字体的主要创制经过及其社会价值和意义，拙文《汉文正楷字体小史》曾做简要述评。文中对于这项事业中的一位"功臣"——"汉文正楷"字样的书写者高云塍——稍有提及，未作展开。

本文拟对高云塍作一简要介绍，纠正和补充相关工具书对他的叙述，并期望通过考察高氏的职业生涯，丰富近现代出版史研究的细节。

一

高云塍是浙江萧山人。萧山高氏自称"海宁岩门高氏"，系南宋诗人高翥的后裔，原居钱塘江北的海宁岩门，后因钱塘江水道改变，居于江南的萧山。据萧山高氏宗亲后人介绍，高云塍系浙江岩门高氏二十六世后裔，属宜字辈，名鹏举，谱名建标，字挹群。他还有个别号，黄山佚民。②

18 岁时的高小霞
（1938 年摄于上海）

高云塍出生于清光绪七年（1881）③，他所住的村庄在萧山仓前，多数是同姓族里人，除了耕田种地外，有不少是脚夫，用独轮车和小帆船运送粮食和土产到杭州，"终年辛勤劳动，不得温饱"。④

他在清末考取秀才，一直居乡，在家设私塾谋生，因以欧体楷书见称于时，兼售自己的书法作品补贴家用⑤。育有三子四女，大儿子曾参加北伐军⑥，小女儿高小霞后来成为我国著名的分析化学家，中国科学院院士。高云塍子女众多，生活清苦，曾有把小女儿送人的想法⑦。直到年近五十，他终于另觅生路——1929 年左右，进入上海中华书局工作。

在中华书局，高云塍的工作主要是书写中小学教科书和字帖，生活依旧清贫。他在赫德路嘉禾里 1435 号租到一间小屋，携小女儿同住。赫德路就是今天的常德路，嘉禾里又名嘉禾坊，如今已被拆除，被拆前的地址是常德路 81 弄，靠近常德路、安义路的丁字路口，就是现在越洋国际广场的位置。当时的赫德路嘉禾里，租金低廉，房屋简陋，是一个"劳动人民杂居"的地方。

1928 年夏初，新婚燕尔的郁达夫、王映霞夫妇就在嘉禾里前弄的1476 号入住，可以说是高云塍的邻居。王映霞对此地的回忆是：

> 我们选中这个住处，一则为了和祖父的住处相近，二则是因为这里的房租低。最大的理由，还是因为和真正的劳动人民杂居一处，在"只认衣裳不认人"的上海滩，比较容易隐蔽。有了以上这些原因，郁达夫是很满意这个环境的。⑧

郁达夫有《灯蛾埋葬之夜》一文，专门描写嘉禾里新居的夜晚，其中说道：

> 小屋的租金，每月八元。以这地段说起来，似乎略嫌贵些，但因这样的闲房出租的并不多，而屋前屋后，隙地也有几弓，可以由租户去莳花种菜，所以比较起来，也觉得是在理的价格。尤其是包围在屋的四周的寂静，同在坟墓里似的寂静，是在洋场近处，无论出多少金钱也难买到的 …… 室内的设备简陋到了万分，电灯电扇等等文明的器具是没有的。⑨

高云塍的生活和居住条件，于此可见一斑。他的小女儿高小霞，跟随父亲居住上海，平时熟读古文，印象最深的就是"居陋巷，人不堪其忧，颜焉不改其乐"。

作为一个"乐在其中"的书法家，高云塍在中华书局工作固然没有脱离专业所长，在平时的生活中，也须臾不离书法圈。刚到上海不久，他即在《蜜蜂画报》上刊登润例：

> 霞轩楷书润例（萧山高建标挹群甫记）：立轴每幅八元，楹联每尺一元，五尺屏条每张三元，六尺加一元，六尺寿屏每条四元，格言六尺二十元，五尺十六元，四尺十元，横幅同，琴条每张四元，炕屏每条五元，纨折扇每面四元，双行加倍，女扇每页六元，册页

每页四元，名刺每件一元，磨墨费加一成。先润后书，约期取件。
劣纸、立索不应。通讯处：杭州太平坊舒莲记扇庄，上海静安寺路
中华书局编辑所，赫德路嘉禾里一四三五号。⑩

对于书法的乐此不疲，高云塍也有过夫子自道：壬申夏热特甚，
余连日握管作书，不以为苦，盖有癖也。⑪

1937 年全面抗战开始，中华书局的创始人陆费逵赴香港，成立驻
港办事处，掌握全局重要事务；上海方面的业务，则由常务董事舒新城
等主持。此时，上海的业务逐步紧缩，以致高云塍有了失业的危险，
1938 年高小霞考取西南联大生物系，竟因家庭困难，不能成行。1940
年夏天，高云塍走完清贫穷愁的一生，享年 60 岁。⑫

二

在中华书局工作直至逝世的短短十年间，是高云塍走出乡里，投
入近现代出版产业的重要人生阶段。他结交了一大批文化界、出版界的
人物。同在中华书局任职的俞守真、沈雁冰，都是高云塍的好友，三人
"常有往来，相互磋商，诗文大进"。⑬

高云塍在中华书局的主要工作，是抄写教科书、编写字帖。中华
书局在 1912 创立之初，即以出版中小学教科书为主要业务。书局的创
始人陆费逵，"预料革命定能成功，教科书应有大改革"，在辛亥革命
前夕即已秘密编写适应革命需要的教科书。在民国成立以后，中华书局
的教科书因符合政治要求，乘势而上，几乎独占了全国的教科书市场。
其中的《国文》课教科书，"务令儿童知普通之文字"，"第一学年选字，
兼以笔画为主，第一册笔画务取简单，二三册日渐增加，至多亦不逾
二十画"⑭。小学教科书是启蒙教材，需要便于儿童临仿正楷，楷书最
为适用。聘请楷书高手书写教科书，当然尤为重要。

高云塍正是在这样的良好局面下，投身中华书局的这项主营业务。
郑逸梅《艺林散叶》载：

中华书局，擅楷书者三人：一为唐驼（子权），中华招牌，即出其手；一为高云塍（建标），中华出版之小学教科书，多由高氏手写，然后影印，又有《云塍小楷》《云塍大楷》等出版，行销百万册；一为杨亦农，楷书极有功力，所书《朱柏庐治家格言》立幅，由中华印行，销南洋一带。[15]

唐驼是我国近代印刷业的开拓者之一，其书法秀美遒劲，含蓄朴茂，时称"唐体"，与沈尹默、马公愚等人并称题额写匾四大圣手。杨亦农书法各体皆工，1960年，上海印刷研究所成立活字研究室，共有三位楷书高手加入，其中就有他，成为印研所第一代字体设计师。高云塍与唐、杨二人，在中华书局鼎足而三，人才壮观。

郑氏所记，在流传至今的民国出版物和中华书局广告里，都可以得到印证。《申报》载1936年中华书局的新书广告里，有"高云塍书《高书大楷》"一种，还特别载有详细的新书介绍："本帖供高小及初级中学学生习字之用。笔画间架，务求明整，又可改为影写字格。其句采用

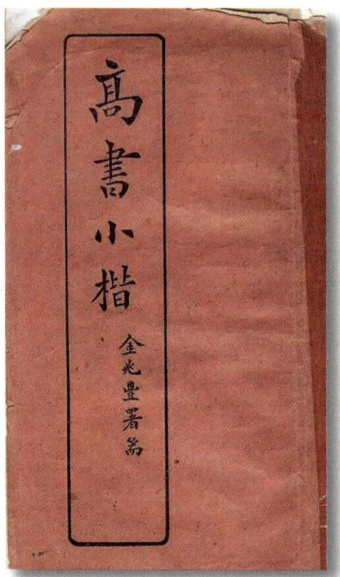

《高书小楷》书影

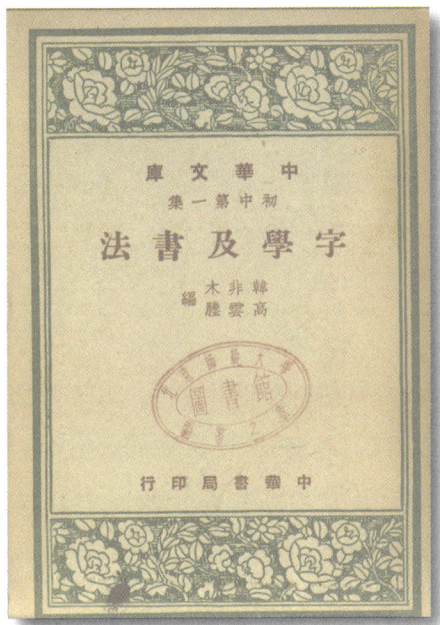

《字学及书法》书影

萧思所录《千字文》，较原有周兴嗣《千字文》，更有兴趣。"同年《中华书局图书目录》的"名人字迹——楷书"项目，有高云塍书《高书大楷》和《高书小楷》二种，均是 4 开本线装。⑯ 除了自己写字，高云塍还将自藏的善本碑帖交给出版社影印出版。商务印书馆 1937 年的广告里有"《旧拓元赵子昂御碑》，高云塍藏本"。⑰

　　在抄写教材、编写字帖之余，高云塍还与既是同事又是同乡的韩非木合编《字学及书法》一书，1936 年由中华书局出版，系"初中学生文库"丛书之一。

　　这是一本普及文字学和书法基本知识、介绍习字要领的读物。该书的第二编《书法》部分，开宗明义地指出：

　　　　书法为我国特有的美术，在文化史上占着很重要的一页。历来对于书法的讨论和研究，颇不少名著，但或者陈义过高，不便于初学的研究，或者又拘泥太甚，脱不了一种传统思想的因袭。反使学者深中迷信古人的毒。本编所述，但就容易了解而切于普通应用的为主，略采众说，以使初学者得稍窥门径，而有一个扼要的认识。[18]

该书既没有"陈义过高"，又不因袭旧说，而是以简单明晰的语言，清楚地讲解汉字的产生和发展，书法的源流和演变，可说是高云塍书法观的集中体现。在指导初学写字的基本方法方面，编者也诚恳地透露出自家的心得：

> 初学书不得不用临、摹二法……取古人名笔，置之几案，悬之座右，朝夕谛视，思其运笔之理，长短分寸，细心仿写，这叫作临。至于摹揭之法，用薄纸冒在帖上，潜心勾勒……但摹法未经口授，殊不容易学习，不如临写为简便。盖临书能得古人笔法，惟位置较易失。摹书，虽易得古人位置，而多失其笔意。这是不可不注意的。[19]

可以看出，高云塍在中华书局工作兢兢业业、游刃有余，实现了从传统知识分子向近现代职业人士的蜕变。

三

"汉文正楷"的创制人郑午昌是浙江嵊县人，虽比高云塍小十多岁，但早在1921年便开始在中华书局任文史编辑、美术部主任，1929年与张大千、王个簃等发起组织蜜蜂画社，有社员150余人，编印《蜜蜂》画报。郑午昌既是当时书画界的风云人物，又与高云塍同属绍兴籍，高云塍赴沪发展，很可能是受到郑午昌的指引和帮助。

1929年高云塍刚到上海，正当郑午昌创办《蜜蜂》画报，谋求自行设计、铸造"汉文正楷"字体用以出版画报之时。

当时设计、铸造字模的方法有二种，一种是以古籍善本，特别是宋元珍本为底本，用小刀一个一个按字挖下，再以照相的办法直接刻坯，铸成字模，还可"按各号大小，放大或缩小"[20]。这种方法受制于古代

用汉文正楷排印的《蜜蜂》画报

刻本本身的字形，大小往往不能一律，用以排印标题尚可应付，排印正文不免捉襟见肘。另一种方法是请名家书写字样，再由刻字高手按样镌刻，比如1909年商务印书馆的"商务楷体"，请钮君宜书写，徐锡祥刻制；[21] 1932年华文铸字厂的"华文正楷"，请陈坦履书写，周焕斌刻制。

郑午昌自行创制字体，上述两种方法都用过。他用的古刻名椠，是《唐刻十三经》，"用照相照下来，分铸雕剪成铜模……谁知楷字铸成，上架子一排，不好，失败了。原来，唐经的字，看似个个整齐，谁知分拆下来，却有大小，重行排版，便是有长有短，有瘦有肥，排印出来，竟然不成款式"[22]。因为这次失败的教训，郑午昌决心重起炉灶。

高云塍来到上海，正好担负起这个"重起炉灶"的重任。他凭借深厚的楷书功力，"重写正楷，每字见方，四边到角，排出来才是整齐好看"[23]。那么，高云塍总共为"汉文正楷"写了多少字？用了多长时间？写完以后，字体又是如何刻成字模的呢？

据郑逸梅说："郑午昌设汉文正楷印书局，首先创制各号正楷活字，

漢文二號楷書足體字樣

漢文二號楷書疎體字樣

漢文二號長楷書體字樣

汉文正楷字样

每号九千有余。字为书家高云塍书写，甚工整，蔡元培见之，誉为中国文化事业之大革新。"[24]陆丹林则说："选取精整而适用之楷书一万四千余字，制造铜模，范铸活字。"[25]后者的说法恐不确切，稍有夸张的成分。有两个旁证可以说明问题。其一，据陆费逵在《辞海编印缘起》里说："普通汉字，电报书不过七八千字，各印局铜模少者五六千，多者七八千。此次特加制铜模八千余个，共计已有一万六千个。"可见，一万四千余字已接近《辞海》的用字量，其中冷僻字极多，排印普通书籍并不需要这么多字。其二，丁三在在《聚珍仿宋印书局招股启》里说到聚珍仿宋字体的字数："每副7000字，其中常用之字约1000个字……不常用之字6000个。"1921年开始，中华书局以"聚珍仿宋体"排印大型古籍丛书《四部备要》，尽管后来陆续添制"仿宋夹注字（长体）和仿宋注间连积字"，但一般的用字量总以七八千字为限。郑逸梅所说的"汉文正楷"有"九千余字"，应该符合事实。

高云塍书写这九千余字字样，应该用了不超过一年的时间。据吴铁声回忆："汉文正楷活字版铜模，头号至五号字、新五号字，自1929年开始制造，历时三年余，至1933年9月全部完工。"[26]制备全套字模，在字样写成以后，还要"先刻木，次范蜡模铜，次铸铅，经种种手续，制成活字"㉗。这种种工艺流程，要在三年多的时间内完成，留给写字样的时间不会很多。1929 年既已开始铸造字模，字样想必已全部写就，至少已经写了一部分，边写边刻也不无可能。汉文正楷印数局在中华人民共和国成立后并入上海字模一厂，承印研所老前辈陈其瑞先生告知，据字模一厂老厂长吴永康回忆，高云塍书写的原稿，由他动员郑午昌家属捐献公家。高云塍书写的字样约 2 厘米见方一个字，20 世纪 60 年代仍见于上海印刷研究所活字资料室，字迹已呈咖啡色㉘。

"汉文正楷"是国人创制并得到大量使用的首套足号足字楷体活字，㉙正如有的论者所说，"创制整套正楷活字，当以汉文正楷字为嚆矢"㉚。此后，有 1932 年的"华文正楷""艺文正楷"，1935 年的"汉云正楷"㉛，1944 年的"求古斋正楷"等楷体活字相继出现，使得汉字出版物的字体得到极大丰富。这一切，离不开郑午昌和高云塍等人的首创之功。

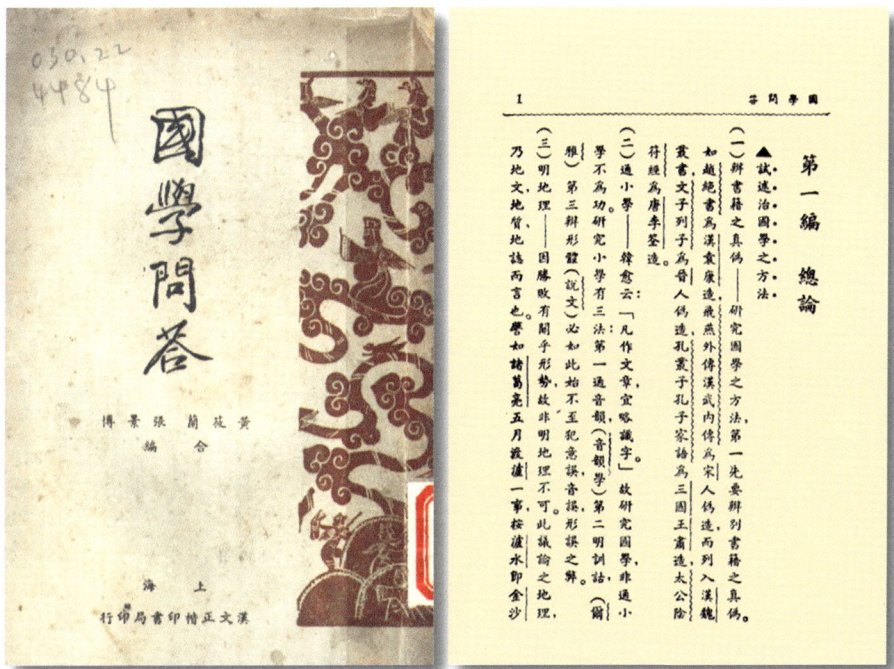

汉文正楷印书局 1934 年出版的《国学问答》封面和内页

　　在传统印刷术向近现代印刷术转变的历史洪流中，高云塍主动投入，他的"高书小楷"借助"汉文正楷"的力量，化身千万，突破传统意义上的"习字范本"的局限，成功"破圈"，走出一条书法与近现代工业相结合的道路，甚至被"誉为中国文化事业之大革新"。回望历史，或许这才是高云塍短短六十年人生中最值得铭记的事业。通过高云塍等人的身体力行，传统与现代、美术与技术，得以成功融合，结出硕果，其中的成功经验，足资今人学习借鉴。

　　　　　　　　　　　　（本文作者为上海书画出版社副编审）

注：

① 孙明远：《20 世纪前期中国仿宋及楷体活字开发活动概览》，《包装工程》2018 年第 12 期，第 4 页。

② 高云塍书扇面，见王学欣、唐晋主编《润物细无声——徐光宪教授八秩华诞志庆集》，科学技术文献出版社 2001 年版，彩插。

③ 据高云塍照相注释"1930 年于上海，时年 49 岁"倒推。照相见《润物细无声——徐光宪教授八秩华诞志庆集》，科学技术文献出版社，2001 年版，第 9 页。

④ 高小霞：《故乡行》，《润物细无声——徐光宪教授八秩华诞志庆集》，科学技术文献出版社 2001 年版，第 190 页。

⑤ 王中秀等编著《近现代金石书画家润例》载高云塍润例，通讯地址中有"杭州太平坊舒莲记扇庄"。舒莲记是杭州著名的扇庄，应是高氏赴上海以前的作品寄售点之一。

⑥ 高小霞：《求学》，《润物细无声——徐光宪教授八秩华诞志庆集》，科学技术文献出版社 2001 年版，第 187 页。

⑦ 高小霞：《求学》，《润物细无声——徐光宪教授八秩华诞志庆集》，科学技术文献出版社 2001 年版，第 187 页。

⑧ 《现代作家郁达夫的上海旧居》，《名人·名宅·轶事——上海近代建筑一瞥》，同济大学出版社 2003 年版第 229 页。

⑨ 郁达夫：《郁达夫全集·第三卷·散文》，浙江大学出版社 2007 年版，第 140-145 页。

⑩ 《蜜蜂画报》第 1 期，1930 年 3 月 11 日，转引自王中秀等编著《近现代金石书画家润例》，上海书画出版社 2004 年版，第 247 页。

⑪ 高云塍书扇面，《润物细无声——徐光宪教授八秩华诞志庆集》，科学技术文献出版社 2001 年版，彩插。

⑫ 高小霞：《求学》，《润物细无声——徐光宪教授八秩华诞志庆集》，科学技术文献出版社 2001 年版第 188 页。

⑬ 朱宝中：《唐诗三百首详解编注的作者喻守真事略》，《杭州文史丛编 5·文化艺术卷》，杭州出版社 2002 年版，第 107 页。

⑭ 《新制中华国文教科书编辑大意》，《新制中华国文教科书》（初等小学第一册），中华书局 1913 年版。

⑮ 郑逸梅：《艺林散叶》，北方文艺出版社 2017 年版，第 681 页。

⑯ 《中华书局图书目录》，中华书局，1939 年，第 56 页。

⑰ 《申报》1937 年 5 月 22 日刊载。

⑱ 韩非木，高云塍：《字学及书法》，中华书局 1936 年版，第 51 页。

⑲ 韩非木，高云塍：《字学及书法》，中华书局 1936 年版，第 89 页。

⑳ 谢菊曾：《宋版〈玉篇〉和仿宋活体字》，《十里洋场的侧影》，花城出版社 1983 年版，第 15 页。

㉑ "商务楷体"虽然创制时间较早，但只有二号字，并非足号全套。《汉文正楷字体小史》，《出版与印刷》2020 年第 2 期，第 57 页。

㉒ 陈定山：《汉文正楷之由来》，《春申旧闻续》，海豚出版社 2015 年版，第 27-28 页。

㉓ 陈定山：《汉文正楷之由来》，《春申旧闻续》，海豚出版社 2015 年版，第 28 页。

㉔ 郑逸梅：《艺林散叶》，北方文艺出版社 2017 年版，第 238 页。

㉕ 陆丹林：《正楷活字版之创制者》，《申报》1932 年 9 月 21 日（16）刊载。

㉖ 吴铁声：《郑午昌与汉文正楷印书局》，《出版史料（第一辑）》，学林出版社 1982 年版，第 134 页。

㉗ 丁三在：《聚珍仿宋印书局招股启》，《中国出版史料（近代部分）第三卷》，湖北教育出版社 2004 年版，第 258 页。

㉘ 《继续采访原上海字模一厂老厂老吴永康》，字体网，www.ziti163.com/Item/2424.aspx。

㉙ 1922 年间，华丰铸字制模厂创制"华丰正楷"，由吴铁珊写颜体字，刻成一至六号及新四号方形字各一副。但这副字由于镌刻走样，字形不优美，印刷厂多不采用。参见何步云《中国活字小史》，《中国出版史料（近代部分）第三卷》，湖北教育出版社 2004 年版，第 388 页。

㉚ 吴铁声：《我所知道的中华人》，《回忆中华书局》，中华书局 2001 年版，第 34 页。

㉛ "汉云正楷"的书写者也是高云塍。何步云《中国活字小史》载："汉云铸字制模厂正楷字，于 1935 年间刻制，书写人高云塍，字体极类汉文，但字面较汉文大。"